曹光乔　吴　萍等　著

中国农机服务产业
发展报告

中国农业出版社
北　京

图书在版编目（CIP）数据

中国农机服务产业发展报告 / 曹光乔等著 . —北京：
中国农业出版社，2018.12
ISBN 978-7-109-25078-9

Ⅰ.①中…　Ⅱ.①曹…　Ⅲ.①农业机械化—研究报告
—中国　Ⅳ.①F324.2

中国版本图书馆 CIP 数据核字（2018）第 279331 号

审图号：GS（2018）6350 号

中国农业出版社出版
（北京市朝阳区麦子店街 18 号楼）
（邮政编码 100125）
责任编辑　汪子涵

中农印务有限公司印刷　　新华书店北京发行所发行
2018 年 12 月第 1 版　　2018 年 12 月北京第 1 次印刷

开本：700mm×1000mm　1/16　印张：8　插页：8
字数：200 千字
定价：80.00 元
（凡本版图书出现印刷、装订错误，请向出版社发行部调换）

前言

  农机服务作为现代农业生产性服务的重要内容，从多层次服务于农业生产和经营，为产前、产中和产后各环节提供服务，为农业现代化的实现提供装备、技术和人才等方面的支持，贯穿整个农业产业链。农业生产中农机服务经营主体还同时兼具生产和服务的特征，通过发展农机服务业，将传统的种植、养殖业与第三产业服务业相互渗透融合，推动了农业产业结构升级，同时为农民创造了更多的就业机会，实现农民增收。农机服务业的蓬勃发展，可以解决我国小农户和大农机之间的矛盾，能够有效保障粮食生产能力，是繁荣农业农村经济的重要产业。

  为了总结分析现阶段农机服务产业发展模式及效益、技术制约因素等，农业机械化技术系统优化与评价团队对全国农机合作社和县级农机推广部门进行了抽样调研。本书在调研数据和案例分析的基础上整理而成，共分为 7 章。第一章从经济、人口、土地、技术、政策等方面分析我国农机服务产业发展环境与历程。第二章利用宏观统计数据，从服务主体和服务方式两个方面重点阐述我国农机服务产业发展模式与特点。第三章通过宏观统计数据和微观数据分析相结合，分析当前我国农机服务产业的服务规模和产业效益，其中，服务规模主要分析九大作物主要环节的作业面积和水平，产业效益主要分析小麦、水稻、玉米三大作物在不同区域不同农机服务的价格。第四章主要从技术需求和成熟度的角度，结合微观调研数据，分析我国农业机械化技术应用环境及相关作物在不同环节的关键技术化需求和推广应用前景。第五章着重梳理我国各级政府对农机服务产业发展的扶持政策。第六章通过对不同区域、不同地形的县级区域调研，分析我国农机作业服务基础保障建设现状、存在的问题及政策建议。第七章分析我国农机服务产业出现的新业态与新趋势，主要包括无人机植保、粮食烘干、农机服务的互联网应用，着重分析了上述产业的发展历程、发展模式及存在问题，并提出政策建议。

本书首次尝试将农机服务作为产业来分析，数据来源于微观调研和宏观统计数据，对农机服务产业发展模式的理论探讨，产业规模与效益的分析判断，产业技术的综合评价等，受研究团队能力和水平限制，本报告中结论可能不尽准确，希望得到学界同仁和广大读者的批评指正。

·☰目录∠

第一章

发 展 环 境

服务业是指利用设备、工具、场所、信息或技能为社会提供服务的业务，农业生产性服务业贯穿农产品从田间生产到食品进入老百姓餐桌的全过程。随着现代农业深入发展，农业生产性服务业发展步伐加快，服务领域涵盖种植业、畜牧业和渔业等产业，出现全程托管、代耕代种、联耕联种等多种服务方式。改革开放以来，我国工业化、城镇化进程不断推进，农村劳动力大量转移进城，近5年城镇化率年均提高1.2个百分点，8 000多万农业转移人口成为城镇居民。"谁来种地""怎么种地"成为农业亟须解决的重大问题。随着农业机械化的发展，"机器换人"步伐加快，我国农业生产已经从主要依靠人力、畜力转到以机械化为主的新阶段，以农机合作社、农机大户为代表的专业化、社会化服务已成为农业生产的主力军。2004年《中华人民共和国农业机械化促进法》出台以来，我国农机装备保有量、农机作业水平、农机社会化服务快速发展，农业机械化法律法规及扶持政策体系逐步确立与完善，全国农作物耕、种、收综合机械化水平超过66％。

农机服务业涵盖了种植业、畜牧业、渔业等三大产业中所有农机服务的内容，是指农机服务组织为农业生产者提供农机作业服务，以及农机维修、供应、中介、租赁、保险、贷款、信息、培训等专业服务的总称。农机服务业由粮食作物向经济作物、设施农业、养殖业和农产品加工业延伸，从多方面服务于农业生产经营，为产前、产中和产后环节提供服务，贯穿整个农业产业链，为农业现代化提供装备、技术和人才等支持。通过发展农机服务产业，传统的农业与服务业相互渗透融合，推动了农业产业结构升级，为农民创造了更多就业机会，增加了农民收入。

一、经济环境[①]

从农业经济社会发展情况来看，农业从业人员不断减少，第一产业增加值

---

① 本节中的数据是根据国家统计局和《中国国土资源公报》中的数据计算所得。

不断上升，农机服务业发挥了重要作用。农业从业人员由 2010 年的 27 931 万人降至 2016 年的 21 496 万人，降幅达 23%。但农林牧渔业增加值由 2010 年的 39 362.6 亿元增长到 2016 年的 63 672.8 亿元，增幅超过 60%，究其原因，随着农业现代化深入推进，农业机械化加速发展，越来越多的现代农业装备参与农业生产，解放了大量农业劳动力，降低了农业生产成本，大幅提高了农业土地产出率、劳动生产率和资源利用率。如小麦机械收获成本降低 30% 左右，损失降低 5~8 个百分点，每年节约损失 40 亿千克左右；水稻机械化栽植和收获，可实现每公顷增产 375 千克以上，每公顷节本增收综合效益超过 1 500 元；精量播种技术每公顷可减少 54.4 千克用种量，每公顷增加粮食产量 384 千克。农业从业人员人均增加值由 2010 年的 1.41 万元增长到 2016 年的 2.96 万元，翻了一番，其中农机手年均作业收入达到 6 万元左右，远高于第一产业人均增加值。农业机械化经营服务总收入超过 5 388 亿元，其中跨区作业服务每年超过 1 000 亿元。

二、人口环境

从农业农村人口环境变化来看，城镇化和农业现代化持续推进，农业转移人口市民化加快，亟须农机服务业加速发展。农村人口向非农产业转移、向城镇聚集态势明显，中国城镇化率由 2010 年的 49.95% 增长到 2016 年的 57.35%，提高了 7.4 个百分点。农村人口从 2010 年的 67 113 万人下降至 2016 年的 58 973 万人，降幅达 12.13%。越来越多的农村劳动力选择进入城市工作，农村青壮年"离农"趋势加速，传统农业生产方式已无法满足经济社会发展需要，农机服务业快速发展契合农业生产方式转变的重大需求，"机器换人"解放了大量劳动力，保证了城镇化稳步推进。农机服务组织数量持续增长，逐步形成了农机大户、农机合作社、跨区作业服务队、维修配件站及经纪人服务队、农机作业公司等多种形式，综合服务能力持续提升，经营效益明显增强。2016 年，全国拥有农业机械化作业服务组织 18.7 万个，农机户 4 229.8 万个，农业机械化中介服务组织 0.6 万个，农机维修厂及维修点 17.8 万个，较 2010 年分别增长了 9.24%、4.21%、8.98%、17.94%。

三、土地环境

从农村土地经营制度和规模经营变化情况来看，适度规模经营日趋成型，农村人均耕地面积逐步提高，农机服务业发展条件逐步优化。全国承包耕地流转面积逐年增加，目前已经超过 0.3 亿公顷，占承包耕地总面积三成以上①。2017 年中央财政共安排资金 230 亿元支持农业适度规模经营，鼓励各地创新支持方式，采取贷款贴息、重大技术推广与服务等，发展多种形式适度规模经营。随着农用地"三权分置"和农村承包地确权登记颁证工作持续推进，耕地流转面积将不断加大。国家开展退耕还林的同时严把 1.2 亿公顷（18 亿亩②）耕地红线，全国耕地面积稳中有降，波动不大，从 2010 年的 13 526.83 万公顷（20.29 亿亩）减少到 2016 年的 13 492.18 万公顷（20.24 亿亩），降幅只有 0.26%，但农村人均耕地从 2010 年的 0.20 公顷/人增长至 2016 年的 0.23 公顷/人，增幅 15%。农民以转包、出租、互换、转让等形式流转承包土地经营权，以及通过代耕代种、联耕联种、土地托管、股份合作等方式，实现多种形式的适度规模经营。农业适度规模经营打掉田埂、连片耕种，解决农村土地细碎化问题，给农业机械创造了良好的作业条件。规模化新型经营相对传统农机户资金实力更强，融资渠道更广，更有能力购买高端农机产品，能够提高农机服务效率和质量，有利于促进农机服务产业的快速发展。

四、种养结构环境

从农业种植和养殖业结构变化趋势来看，农业种养结构不断优化，农机服务领域不断拓展延伸，农机服务能力明显增强。国家不断调整优化种植、养殖结构，构建粮经饲协调发展、农牧结合、种养加一体、一二三产业融合发展的格局，发展适应市场需求的优质农产品、专用农产品和特色农产品。2017 年玉米种植面积减少约 133.3 万多公顷，大豆种植面积增加 40 多公顷，马铃薯种植面积增加近 20 万公顷，杂粮杂豆种植面积增加 33.3 万公顷，优质稻谷种植面积增加 20 多万公顷；种养结合粮改饲面积 66.7 万公顷，增加 26.7 万公顷。稻田综合种养面积 160 多万公顷，增加 13.3 万公顷。农机服务链条由种植业不断向养殖业延伸，畜牧、家禽、渔业的机械化养殖体系逐步完善，家庭农场、合作社、龙头企业等新型农机经营主体不断增加，种养大户经营能力和水平不断提升，农机服务能力不断加强。

五、技术环境

从农业装备技术发展情况来看，农机科技不断创新，绿色高效理念及新产品新技术推广范围加大，装备制造提档升级加速。近年来农机科研创新投入力

---

① 数据来源：《人民日报》，http：//www.xinhuanet.com//fortune/2016－11/20/c1119947716.htm.
② 亩为非法定计量单位，1 亩＝1/15 公顷。

度不断加大，主要粮食、棉花、油料作物机械化技术渐趋成熟，特色经济作物关键环节机械化技术取得突破。2016 年启动实施国家"十三五"重点研发计划"智能农机装备"重点专项，围绕智能农机装备的应用基础技术研究、关键共性技术与重大装备开发、典型应用示范等领域开展创新研究。农机服务信息化、智能化水平明显提高，但仍存在薄弱环节机械化技术装备缺乏、农业机械化水平滞后区域多、农机农艺融合不充分、部分关键核心技术受制于人、智能化水平不高等诸多问题。秸秆还田离田、保护性耕作、残膜回收、畜禽粪污处理、精准施肥及有机肥制备、高效施药等绿色高效机械化技术和装备推广应用速度加快，补贴支持力度加大。2016 年机械深松面积 10 881.98 千公顷，秸秆还田面积 48 000.7 千公顷，新增秸秆还田离田、固液分离、残膜回收等绿色环保机具 18 万台（套），农业植保无人机从无到有，2017 年我国植保无人机保有量达到 14 000 多架，全国植保无人机统防统治累计超过 666.7 万公顷，农机工业总产值从 2010 年的 2 838.1 亿元增加到 2016 年的 4 516 亿元，规模以上企业 2 300 多家，成为世界农机制造和使用大国。我国农机产业集群初步形成，科技含量、产品质量和售后服务水平不断提高，但我国农机装备企业以中小企业为主，企业规模不大，技术力量不足，工艺制造水平较低。

六、政策环境

从农业机械化政策环境来看，农机作业补贴力度逐步加大，农机服务业迎来良好的发展环境。《中华人民共和国农业机械化促进法》规定各级人民政府应当采取措施，鼓励和扶持发展多种形式的农业机械服务组织，推进农业机械化信息网络建设，完善农业机械化服务体系。《中华人民共和国农民专业合作社法》中提出"中央和地方财政应当分别安排资金，支持农民专业合作社开展信息、培训、农产品质量标准与认证、农业生产基础设施建设、市场营销和技术推广等服务。对民族地区、边远地区和贫困地区的农民专业合作社和生产国家与社会急需的重要农产品的农民专业合作社给予优先扶持。"《国务院关于促进农业机械化和农机工业又好又快发展的意见》提出在适宜地区实施保护性耕作、节水灌溉、深松整地、秸秆还田、高效植保等农机作业补贴试点。继续免征农机机耕和排灌服务营业税、农机作业和维修服务项目的企业所得税，继续对跨区作业的联合收割机、运输联合收割机（包括插秧机）的车辆免收车辆通行费。《农业部　国家发展和改革委员会　财政部关于加快发展农业生产性服务业的指导意见》提出推进农机服务环节从耕种收为主向专业化植保、秸秆处理、产地烘干等农业生产全过程延伸，鼓励服务主体利用全国"农机直通车"信息平台提高跨区作业服务效率，加快推广应用基于北斗卫星导航系统（以下简称"北斗系统"）的作业监测、远程调度、维修诊断等大中型农机物联网技术，鼓励开展农机融资（金融）租赁业务。打造区域农机安全应急救援中心和维修中心，推动专业维修网点转型升级。《全国农业机械化发展第十三个五年规划》提出要完善农机经营服务主体的管理服务方式，创建一批集农业生产与农机服务于一体的机械化家庭农场、农机合作社和农机作业公司，建设一批保障能力强、节能减排技术应用到位的农机维修服务示范点。配合实施高标准农田建设工程，推动开展机耕道、机具存放设施建设，基本实现8亿亩高标准农田农机作业无障碍。

第二章

发 展 模 式

　　农机服务作为农业生产重要的中间投入品，在为农户提供专业化服务的基础上，为满足农业生产多样化需求，各地涌现出多种类型的农机服务主体。这些新型农机服务主体通过土地经营权流转、代耕代种、土地托管等多种方式，开展了多种形式的农机专业化、综合化服务。

专栏

农机服务产业化成因

　　当前我国农业正由传统农业向现代农业转变，农业发展面临了一些新挑战，其中比较突出的问题就是农业劳动力短缺，农村人工成本高，且农业生产比较效益低下。今后谁来种地？怎么种地？农业生产内部对农业机械化的需求非常迫切。农机社会化服务成为小规模农户占多数的中国实现农业机械化的最佳选择。我国农机服务产业发展的基础是农机社会化服务。从社会分工的角度看，农机服务产业化就是在市场经济条件下，农业机械化经营从传统的农业生产经营体中分离，并成为专业化、社会化服务产业的过程[1]。现阶段我国农机服务业在提供专业化服务基础上，为了满足农业生产多样化需求，出现了"全程托管""订单作业""代耕代种""联耕联种"等多种形式的服务模式，既让分散的小农户享受到机械化的便利，也可让规模经营的家庭农场、农民合作社解决劳动生产率的瓶颈难题。

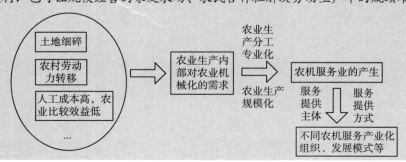

一、服务主体

农机服务组织是指直接为农业生产提供机械化作业服务的经营主体。经过20多年的发展，我国已经形成了以农机户为基础、农机服务组织为主体、农机中介服务为纽带，农机作业、维修、供应、中介和租赁为主要内容的新型农机服务体系。本书将农机服务组织归纳为7种类型：农机户、农机合作社、农机作业公司、农机协会、农机经销商、农机中介服务组织、农机维修组织。

（一）农机户

农机户是开展农业机械化生产和作业服务的基础主体，一般是指拥有或承包（租赁）2千瓦以上（含2千瓦）的农用动力机械自用或为他人作业的农户。农机作业专业户是指懂技术、善于农机经营和管理的农机手在满足机械自用的同时，为周围农户提供机械作业、运输等服务，其服务时间占全年（一般定为300天）时间的60%以上，服务收入占全家收入的60%以上。农机作业专业户必须同时具备以上两个条件[①]。

2016年农机户数量达到4 229.8万个（图2-1），其中拥有农机原值50万元（含50万元）以上的农机户有8.3万个（图2-2），比2015年增加3 544个。农机作业专业户有50.6万个，比2015年下降3.3%。

农机作业专业户是我国农机社会化服务的重要主体。受自身经济实力限制，农机作业专业户在农机具保有量、服务规模等方面相对较弱，但是机具投资问题不大，市场风险比较小，其作业形式、费用收取等操作更加灵活机动。

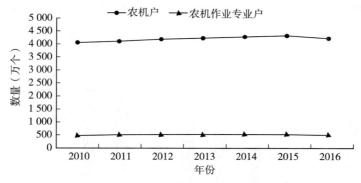

图2-1　2010—2016年农机户和农机作业专业户数量

数据来源：《中国农业机械化年鉴》（2011—2017），图2-1至图2-8同。

---

① 本节中所有的定义来源于《中国农业机械化年鉴2017》。

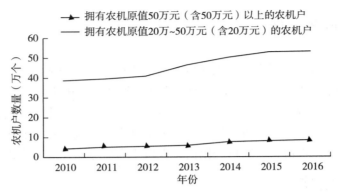

图 2-2 2010—2016 年拥有不同农机原值的农机户数量变动情况

(二)农机合作社

我国农机合作社数量由 2007 年的 4 400 个增加到 2016 年的 6.32 万个,年均增长率高达 34.45%(图 2-3)。在数量增长的同时,合作社的实力也不断增强。截至 2015 年,全国农机合作社拥有农机具 317 万台(套),比 2014 年增加 8 万台(套),其中大中型拖拉机、联合收获机、插秧机、粮食烘干机分别达到 49.6 万台、35.4 万台、16.7 万台、1.6 万台,占社会保有量的 1/4。

2016 年农机合作社数量达到 2 000 个以上的省份有 12 个(图 2-4),其中江苏省以 8 250 个居首位,山东、河南两省农机合作社数量紧随其后,且均超过 6 500 个。

2016 年全国农机合作社作业服务总面积达到 47 444.7 千公顷,占全国农业机械化作业总面积的 11.22%。农机合作社服务能力增加趋势明显(图 2-5)。

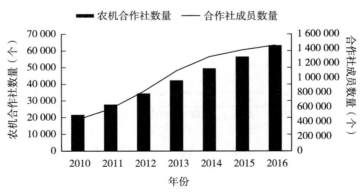

图 2-3 农机合作社数量与合作社成员数量

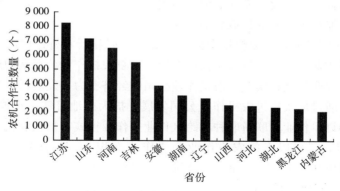

图 2-4　各省份农机合作社数量

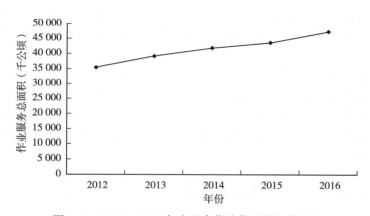

图 2-5　2012—2016 年农机合作社作业服务总面积

农机合作社作为新型农业经营主体，具有农业技术和农业装备上的优势，可以面向广大农户提供全程机械化的作业服务。实践中农机合作社还通过土地入股、土地托管、承包经营、联耕联种等方式，在更大规模上实现土地的统一经营。农机合作社的服务领域正由产中向产前、产后延伸，其综合实力不断提升。但是目前我国农机合作社的发展也面临不少困难，如融资难，其购买和更新高性能农机具的积极性受到制约；农机库棚建设用地难，大型农机具停放仍存在问题；部分农机合作社运行不够规范，普通入户社员享受不到合作经营带来的盈余利润等。

（三）农机作业公司

农机作业公司是指以农业机械、资金和技术等作为股份，共同联合或独立组建，以从事农机作业服务活动为主营业务，具有法人资格的盈利性经济组织。与农机合作社相比，农机作业公司组织结构更加紧密，资金实力更加雄厚，产权更加清晰，服务领域更加宽泛。

从 2009 年开始，宁夏根据全区现代农业发展和新农村建设需要，鼓励农民成立农机作业公司。经过多年扶持发展，宁夏农机作业公司从顶层设计转化成为有效的农业机械化实践，农机作业公司的经济实力、发展活力和带动能力持续增强。通过加快推进农机作业公司发展，扩大土地流转、土地托管面积，进一步完善订单作业、联耕联种和跨区作业等作业模式，加快农机服务综合发展。2015 年，二星以上的农机作业公司作业面积 16.38 万公顷，同比增长18.6％；订单作业面积 12.89 万公顷，比 2014 年增长 57％；纯利润达 4 649.7 万元，同比增长 19％[①]。

山东省共有 126 个股份制农机作业公司，均是原有乡镇农机站或村集体农机作业队进行股份制改造而成，集中在经济实力较强的村。目前，我国很多地区受经济、土地制度等条件限制，股份制农机作业公司尚处于探索发展初级阶段[2]。

与农机户和农机合作社相比，农机作业公司企业化经营，产权和利益分配机制清晰，拥有较完善的管理制度、财务制度和组织形式，在规模、资金和技术等方面具有明显优势（表 2-1）。但是与普通农户之间的联系相对不够紧密，在具有较强熟人社会特征的我国农村地区，农机户和农机合作社更受普通农户的欢迎。

表 2-1　主要农机服务主体的经营特征

	农机户	农机合作社	农机作业公司
投资机制	农机自购，自用或为他人服务	核心成员投资	股东投资
决策与管理机制	管理灵活	民主管理，重要决策由全体社员决定，实行"一人一票"	股东投票，按照股份大小决策
监督与利益分配机制	自负盈亏	监事会监督，按股分红或按照作业量进行分配	按股分红

（四）农机协会

农机协会一般是由政府或农机管理部门牵头的专业型中介组织，主要职能是对机械统一调度安排，统一作业标准和收费价格，并协助会员收取作业费、

---

① 数据来源：农业农村部农机购置补贴信息公开专栏 www. amic. agri. gov. cn。

组织跨区作业和提供作业信息、零配件供应、作业合同纠纷和事故处理等。另外，还有一些包括农机生产、销售、维修和使用者在内的综合性农机协会，这些协会可以有效地整合当地农机科研、生产、推广、培训等资源，发挥整体优势，为农机户提供更加全面的服务，为农机服务产业发展提供保障。

（五）农机经销商

2010—2016 年，农机经销企业由 8 969 个增加到 12 969 个，增长 44.6%，年均增长率 6.33%；农机经销点由 84 903 个减少到 82 159 个，下降 3.23%（图 2-6）。

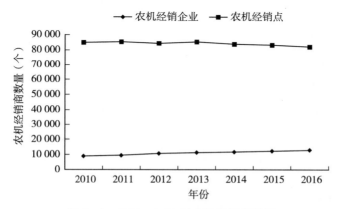

图 2-6　2010—2016 年农机经销商数量

（六）农机中介服务组织

随着农机作业市场的完善、农村市场化体系的建设和互联网等信息化技术的广泛应用，农机中介服务组织数量有减少的趋势（图 2-7）。

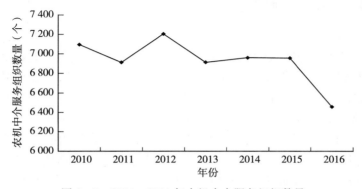

图 2-7　2010—2016 年农机中介服务组织数量

（七）农机维修组织

目前我国已经基本建立起农机生产企业（包括经销商和售后服务机构）、农机作业组织（包括农机大户和农机专业合作社）和社会维修点（包括区域维修中心）等为主体的农机维修服务平台。从总量上看，维修点数量呈减少趋势，其中专项维修点数量下降幅度最大（表2-2）。

表 2-2　2010—2016 年农机维修点数量

单位：个

年份	农机维修点	一级维修点	二级维修点	三级维修点	专项维修点
2010	217 018	1 590	8 181	112 163	84 409
2011	218 916	1 566	8 532	110 342	79 888
2012	210 038	1 437	8 244	110 214	77 357
2013	201 206	1 450	8 256	103 250	73 709
2014	188 824	1 244	7 433	96 386	69 314
2015	183 197	1 315	7 335	93 993	67 416
2016	178 091	1 299	7 247	90 140	66 136

二、服务方式

农机服务供给方式与农机服务需求相呼应。在当前土地流转加速、适度规模经营背景下，出现了农机专业化、综合化服务等不同供给模式。

（一）"菜单式"服务

农户在农业生产过程中，选择让农机服务组织提供部分机械化专业服务，并交纳相应费用。农机服务组织对每项服务内容和质量进行明码标价，农民根据自己实际需求"点菜"，非常灵活（表2-3）。"菜单式"服务是根据农户需要，提供单个或多个环节农机作业服务，如果对农作物主要生产环节提供全程机械化作业，即"耕、种、管、收"等环节都提供服务，则可以称之为"托管式"服务。"托管式"服务的优势是农民依然保持家庭经营的主体地位，自负盈亏、自担风险，农机服务组织则从托管服务中收取作业费用，不需要支付土地流转租赁费，同时通过社会化服务实现资本、技术和管理等现代要素对传统农业的改造。

表 2-3　不同土地经营方式与农机服务模式

土地经营方式	农机服务模式	农业经营风险承担者
农户自营土地，某些生产环节临时找机手作业	单纯"菜单式"服务	土地经营权未发生流转，经营风险由农户自己承担
农户自营土地，与农机服务组织签订机械化作业订单	"代耕代种"订单式服务	土地经营权未发生流转，经营风险由农户自己承担
农户全托管给农机服务组织，作物收成归农户	"托管式"综合化服务	土地经营权未发生流转，经营风险由农户自己承担
农户将土地经营权入股于农机服务组织，年底分红	土地入社	土地经营权流转，经营风险由农机服务组织与农户共同承担
农户流转土地经营权给予种粮大户、农机合作社等，并收取一定的土地租金	"生产＋服务"一体化，即农机服务组织提供农机作业服务，并从事农业生产经营	土地经营权流转，经营风险由种粮大户或者农机合作社等服务组织承担

专栏

江苏射阳"联耕联种"互助模式

2012 年，射阳县兴桥镇村民为了提高机械作业效率、降低作业成本，通过自主协商在同一片田里打破不同农户田块之间的田埂，将碎片化的土地集中起来，实现有组织的连片种植，再由服务组织提供专业化服务，推进生产上联耕联种。其具体做法是：每年春播和秋播两季，由村委会或者集体经济组织出面协调，以村民小组为单位，农民自愿参与，依照自然条件将同一片田的田埂打破整合为大田块，采用大中型拖拉机统一耕田，在政府农业技术部门的指导下，统一选种、购种、育种并统一播种。后续的田间管理仍由农户自己负责。

这种服务模式的运作机制在于村社主导的农民组织化。即村社组织利用自身优势将分散进行的关键农业生产环节进行整合，形成规模后再作为中介对接外部的农业服务主体，从而实现农业服务的规模化。在村社组织农民过程中，既需要尊重农民意愿，又需要发挥村社的统筹作用，也离不开行政力量的推动[3]。

（二）跨区作业服务

农机管理部门通过行政、技术和中介服务，把农机经营者组织起来，进行跨省份、跨地区农业机械化作业服务。小麦成熟期间，全国从南向北，约有两个月的时间差，可跨越海南、四川、湖北、河南、江苏、安徽、河北、天津、内蒙古、吉林等10多个省（自治区、直辖市）。在跨区作业服务中，农机管理部门首先是与公安、交通部门做好组织协调，发布农机跨区作业联合通告，为安全合格的机械和机主发放跨区服务作业证。跨区作业期间，农业机械凭跨区服务作业证免收过路费、过桥费。跟踪跨区作业的服务车和指挥调度车免征道路、桥梁车辆通行费。目前，跨区机收的模式已经由小麦向水稻、玉米等作物延伸，由机收向机耕、机插、机播等环节拓展。

2016年全国农机跨区作业面积达到23 386.95千公顷，比2010年减少了5 454.54千公顷，下降18.91%。随着农机购置补贴政策的深入实施，农机保有量大幅度增加，农户自购自用和区域内社会化服务比重显著增加，全国农机跨区作业面积有大幅度减少的趋势（图2-8）。

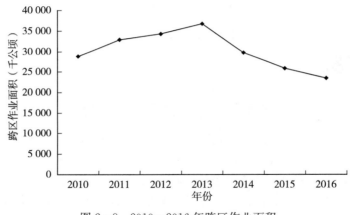

图2-8 2010—2016年跨区作业面积

（三）全程机械化作业服务

山东省共有3 000多家农机合作社开展了土地托管，总面积达到73.3万公顷，农机合作社服务总面积累计达1 000万公顷，承担了全省40%以上的机械化作业量[①]。安徽省蒙城县逐步探索出农机作业托管的"蒙城模式"，农机合作社通过为农户提供"菜单式""托管式"等多种服务，变身为农民的"农机保姆"，让农户在耕、种、收方面省钱、省心、省力的同时，实现了"农民不种地，收入不减少"。

---

① 数据来源：山东省农业机械管理局。

专·栏

安徽蒙城县"土地托管十全程机械化"作业模式

蒙城县是全国粮食生产先进县、"平安农机"示范县、农业机械化示范县。2016年5月，被农业部确定为"全国首批基本实现主要农作物生产全程机械化示范县"，基本实现主要农作物生产全程机械化与农机作业服务全程托管息息相关。

具体做法包括：一是实行订单作业管理。按照"一村一策，精准设计"的原则，试点村与农机专业合作社签订托管协议，农机专业合作社与农户签订作业合同。二是分户经营管理。试点村首先做好农户农机作业服务的协调组织工作，确保农户积极主动配合，地头卸粮、种肥进地及时到位，最大程度提高农机作业效率。三是实行市场化运作管理。作业过程中，农机专业合作社各项农机作业收费标准略低于周边同类农机作业服务市场价格，农机专业合作社与村民委员会统一结算作业服务费用，建立规范的财务管理制度。四是建立提取扶贫公益金机制。试点村根据土地全程托管面积，经试点村和农机专业合作社协商，适当提取一定比例的公益金，并由乡（镇）政府负责监管，主要用于发展壮大村集体经济，开展贫困户精准帮扶工作。

这也是由村主导组织，在坚持家庭承包经营、农民土地使用权、农民经营主体、农民受益主体不变的情况下，农民合作社、种粮大户等托管方，按照农民的要求，对其土地实行统一管理、服务的新型经营形式。通过土地托管，实现了多方主体利益共赢，整村推进加快了全程机械化进程。

（四）农机综合化服务[①]

2017年中央1号文件强调，要大力培育新型农业经营主体，扶持培育农机作业、农田灌排、统防统治、烘干仓储等经营服务组织，支持农机等系统发挥为农服务平台作用。

山东省推动供销合作社与农机合作社联姻，以"农民外出打工，合作社为农民打工"为服务理念，建设农机合作社综合农事服务中心。供销合作社原渠道为农户提供种子、农药、肥料等略低于市场零售价格的农资服务，农机合作社开展耕、种、管、收、加、贮、销"保姆式"全托管或两个以上环节的"菜单式"半托管服务。山东省供销合作社对提供全程农业机械化作业服务、功能完备、经营完善的农机合作社给予50万～200万资金扶持，用于购置智能配

---

① 本节的数据来源于作者2017年的调研数据。

肥设备、植保无人机等，保证合作社能够提供全程机械化服务。镇、村两级牵头，统一组织合作社开展土地托管服务，服务费低于市场价的 15% 左右，并且给予村集体每亩 5～10 元的管理费，有效解决了农地成荒地、良田无人种问题。

2017 年农机 360 网公司大田农事服务中心在安徽阜阳成立，吸纳农机合作社入会，为农户提供农业生产全程的农事服务，同时给农机合作社提供作业信息、贷款担保等服务，农机合作社加入大田农事服务中心积极性很高。同时大田农事服务中心还提供农业信息化服务，为农机合作社安装农机作业监控设备、农业专家信息服务系统（主要用于测土配肥），并给各村托管土地配备农艺师，通过信息化手段和专家现场服务，农药和化肥等无效投入降低，农户通过手机实时查看自家庄稼长势情况，保证外出农户安心务工。

（五）农机维修服务

农机维修可以保证农机在农业生产中可持续应用，在提高农机使用寿命的同时，保证农机在工作中的安全和高效，是提高农业生产效率的关键。实践中农机维修主要形成了 3 种模式：①以拖拉机、联合收割机销售的"三包"售后维修点，基本上解决了"三包"期新机具的维修保养问题。②农机合作社维修间基本上解决了入社机具的维修问题。③扶持和引导了社会维修厂（点）的健康发展，如区域性农机维修中心建设。

（六）农机租赁服务

随着我国农业规模化经营、机械化生产水平的不断提高，农民专业合作社、家庭农场、种粮大户等农业新型经营主体对高性能、复合型、智能化大型农机具的需求日益旺盛。而这类机械动辄几十万甚至上百万的价格，让多数人无力承受。特别是自"全价购机、定额补贴"政策逐步实施后，农民购机资金短缺的问题日益凸显。农机租赁业务的出现可以让农民由"直接购买"变为"先租后买"，大幅度减轻一次性投入压力，有望成为缓解农民购机难、贷款难的重要出路。如目前的宜信租赁，自 2012 年成立至今，宜信租赁在山东、黑龙江、河南等 30 多个省份为近万名农民提供农机租赁服务，并与近百家国内外农机厂商、经销商建立合作关系，涉及农机设备约 14 类 180 种，可满足农业生产耕、种、管、收的全程需求。

第三章

产 业 效 益

农机服务作为农业生产性服务的重要内容，可以提高农业机械化水平，大幅度提升劳动生产率；机械化作业成本低于人工成本，可以使农民降本增效。本章从农机作业服务规模和农机作业成本与收益两个方面分析农机服务业经济效益情况。

一、农机作业服务规模

为促进农业发展方式转变，加快推进农业现代化进程，2015年农业部印发《关于开展主要农作物生产全程机械化推进行动的意见》，在全国部署开展主要农作物生产全程机械化推进行动。该意见明确了开展全程机械化推进行动的主要内容，即定位在水稻、玉米、小麦、马铃薯、棉花、油菜、花生、大豆、甘蔗等九大作物，聚焦在耕整地、种植、收获、植保、烘干、秸秆处理等6个主要环节，围绕提升主要粮食作物生产全程机械化水平和突破主要经济作物生产全程机械化"瓶颈"2个主攻方向，分作物、分区域确立推进各个主要农作物生产全程机械化的主要技术模式。

下文围绕九大作物主要环节机械化水平分析。

（一）不同环节农业机械化作业面积和水平

从农作物耕、种、收主要机械化作业环节分析，首先是机械化耕种水平较高，2016年农作物机械化耕种水平［机械化耕种面积/（农作物播种面积－免耕播种面积）］达到了81.4%，其次是机械化收获环节，机械化收获水平（机械化收获面积/农作物播种面积）为56.01%，最后是机械化播种水平，机械化播种水平为52.76%。

从发展速度看，2010—2016年，机械化收获水平年均增长率达到6.5%，机械化播种水平年均增长率为3.5%，机械化耕种水平年均增长率为2.6%。与其他环节相比，机械化播种环节水平仍然较低，机械化播种水平有待提高。

小麦、玉米、水稻等粮食作物的机械化收获水平已经有了显著提高，油菜、大豆、花生等其他作物的机械化收获水平仍有待提高。

1. 机械化耕作面积和水平

2010—2016 年机械化耕作面积呈现小幅度稳定上涨，2016 年农作物机械化耕作面积为 121 017.7 千公顷，较 2010 年增加了 20 413.7 千公顷，增长 20.3%（图 3-1）。从耕作水平上看，年均增长率达到 2.6%（图 3-2）。

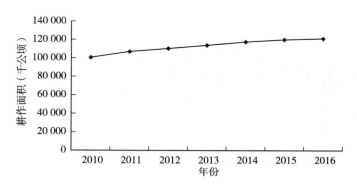

图 3-1 2010—2016 年农作物机械化耕作面积

数据来源：《中国农业机械化年鉴》(2011—2017)，图 3-1 至图 3-6 同。

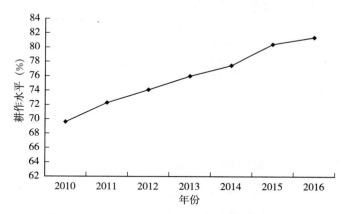

图 3-2 2010—2016 年农作物机械化耕作水平

2. 机械化播种面积和水平

2010—2016 年机械化播种面积呈现稳定上涨，2016 年农作物机械化播种面积为 87 917.83 千公顷，较 2010 年增加了 18 756.91 千公顷，增长 27.1%（图 3-3）。从播种水平上看，年均增长率达到 3.5%（图 3-4）。

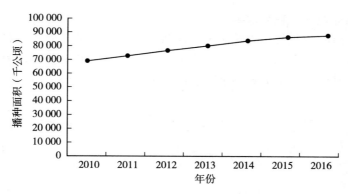

图 3-3　2010—2016 年农作物机械化播种面积

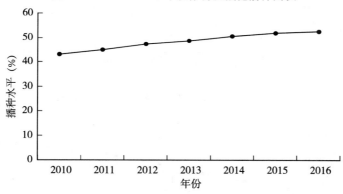

图 3-4　2010—2016 年农作物机械化播种水平

3. 机械化植保面积和水平

2010—2016 年机械化植保面积明显增加，2016 年机械化植保面积达到 68 452.2 千公顷，较 2010 年增加了 11 088 千公顷，增长 19.3%（图 3-5）。

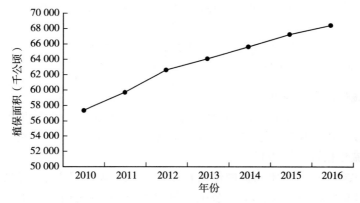

图 3-5　2010—2016 年农作物机械化植保面积

4. 机械化收获面积和水平

2010—2016 年机械化收获面积呈现明显上涨，2016 年农作物机械化收获面积为 91 722.35 千公顷，较 2010 年增加了 31 875.66 千公顷，增长 53.3%（图 3-6）。从收获水平上看，年均增长率达到 6.5%（图 3-7）。

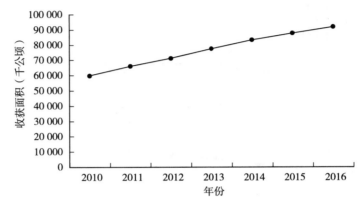

图 3-6 2010—2016 年农作物机械化收获面积

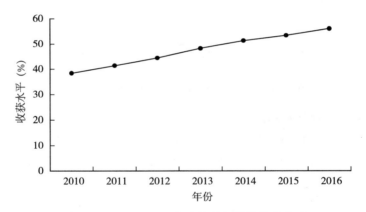

图 3-7 2010—2016 年农作物机械化收获水平

数据来源：根据《中国农业机械化年鉴》（2011—2017）中的数据计算所得，图 3-7 至图 3-17 同。

5. 机械化烘干粮食数量

2010—2016 年机械化烘干粮食数量呈现大幅度上涨，2016 年机械化烘干粮食数量为 11 226.5 万吨，是 2010 年机械化烘干粮食数量的 4.1 倍（图 3-8）。

6. 机械化秸秆还田面积

2010—2016 年这 7 年间机械化秸秆还田面积呈现明显上涨，2016 年机械化秸秆还田面积达到 48 000.6 千公顷，是 2010 年机械化秸秆还田面积的 1.7 倍（图 3-9）。

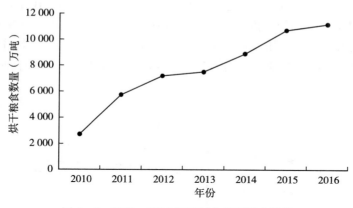

图 3-8 2010—2016 年机械化烘干粮食数量

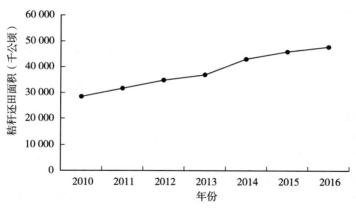

图 3-9 2010—2016 年农作物机械化秸秆还田面积

（二）不同作物农业机械化作业面积和水平

当前，我国农机作业存在不少薄弱环节和明显短板。从机械化水平看，马铃薯种植与收获、棉花采摘、油菜种植与收获、花生种植与收获、甘蔗收获、双季稻区插秧的机械化率仍然较低，大多在 30％以下，甘蔗收获机械化率不到 5％，这些薄弱环节都有待突破。

1. 水稻

2016 年水稻综合机械化水平达到了 79.2％，但是机械化种植环节水平仍然较低，仅有 44.45％（图 3-10）。种植机械化水平低是水稻生产全程机械化发展的短板。从种植区域来看，北方地区水稻种植机械化水平达到 80％以上；长江中下游稻麦兼作区，水稻机械化发展较快；南方双季稻区，特别是湖南、江西、广东、广西、湖北5个省（自治区）水稻种植面积占全国水稻种植面积的45%，早稻、晚稻种植机械化水平多数在10%～20%左右；西南地区水稻种植机械化水平最低，如贵州省水稻机械化水平仅为5.84%。水稻机械化种植水平低的重要原因是缺乏成熟的育秧技术，育秧成本较大，工序烦琐，耗时耗工。

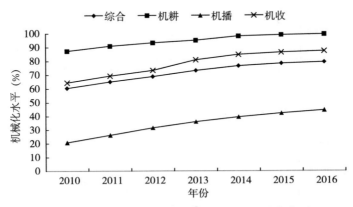

图3-10　2010—2016年水稻主要环节机械化水平

2. 玉米

2016年玉米综合机械化水平为83.08%，机收水平为66.68%（图3-11）。影响我国玉米机收发展的主要限制因素为：国内玉米品种大多数生育期长，收获时籽粒含水量较高，苞叶厚而紧，结穗高度不一致，后期倒伏倒折，穗轴软，导致收获质量差，机收损失率高，不适宜机收籽粒作业；种植方式多样且互相冲突，不适宜机收作业，或作业效率低，机收损失高，农民难于接受。

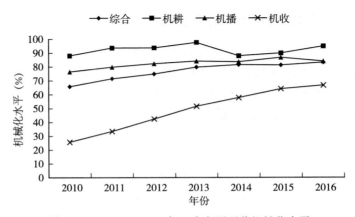

图3-11　2010—2016年玉米主要环节机械化水平

3. 小麦

小麦已经基本实现全程机械化（图 3-12），但是在提质增效过程中，仍然存在一些问题，例如旋耕现象较为严重，容易破坏土壤结构，压实底层土壤；秸秆全量还田地区秸秆量大，有的地区秸秆粉碎质量不高，抛撒不均匀，且秸秆还田模式有待标准化；小麦免耕播种机堵塞，导致播深、播量不均匀，影响小麦出苗；地下水位下降，增加机械化灌溉困难。

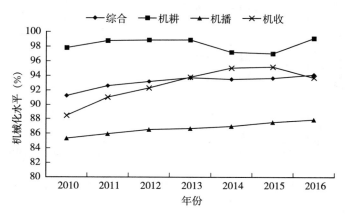

图 3-12　2010—2016 年小麦主要环节机械化水平

4. 马铃薯

马铃薯是粮食、饲料及工业原料兼用的重要农作物，是我国第四大粮食作物，用途已渗透工业和农业等多方面，市场需求旺盛。2016 年马铃薯综合机械化水平为 39.14%，仍然较低，特别是机播（机播水平为 25.98%）和机收（机收水平为 24.7%）环节（图 3-13）。

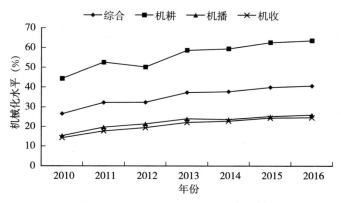

图 3-13　2010—2016 年马铃薯主要环节机械化水平

5. 棉花

2016 年棉花综合机械化水平为 69.77%，全程机械化的薄弱环节是机收环节，棉花机收水平都不足 30%（图 3-14）。提高棉花收获机械化水平，必须从提高耕整地和播种质量入手，强化水肥和化控等管理措施，为机采棉创造条件。

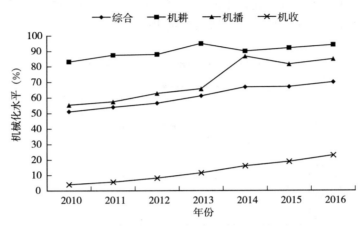

图 3-14　2010—2016 年棉花主要环节机械化水平

6. 油菜

2016 年油菜生产综合机械化水平为 49.55%。从作业环节看，机械化播种（25.2%）和机械化收获水平（34.74%）仍较低（图 3-15）。油菜品种成熟时间不一致、种植以移栽为主，农机和农艺技术很难适应，提高机械化播种水平有较大难度。油菜的栽培方式对机械收获影响很大，目前推广以机械联合收获为主，对油菜种植方式有较高要求。

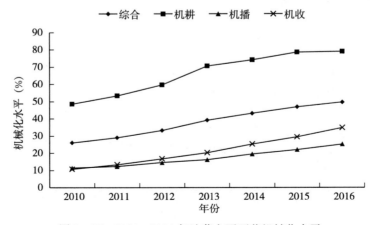

图 3-15　2010—2016 年油菜主要环节机械化水平

7. 花生

花生是我国四大油料经济作物之一，2016年播种面积为4 724千公顷，仅次于油菜。2016年花生综合机械化水平为52.14%（图3-16）。花生耕整地、田间管理的植保等所用机械均为通用机械，基本上可以实现机械化作业。但是机械化播种（43.1%）和机械化收获水平（33.91%）仍较低。

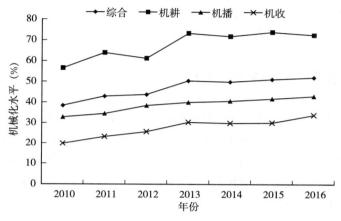

图3-16　2010—2016年花生主要环节机械化水平

8. 大豆

2016年大豆综合机械化水平为72.06%，机械化收获（66.76%）和机械化播种（71.75%）水平有待提高（图3-17）。我国大豆产业比较效益较低，2010—2015年大豆种植面积逐年递减，2016年播种面积有所增加，达到7 202千公顷。大豆全程机械化水平的提高，能够提高农民种植意愿，利于我国种植结构调整，推动我国大豆产业健康发展。

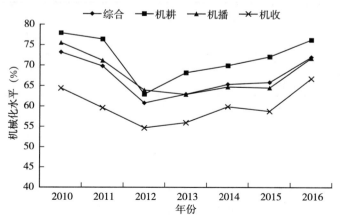

图3-17　2010—2016年大豆主要环节机械化水平

9. 甘蔗

广西是我国甘蔗主产区，2016 年广西甘蔗综合机械化水平为 54.98%，但是机械化种植水平为 39%，机械化收获水平仅为 6.5%，全国的水平较此更低。甘蔗种植和收获，收获环节是制约甘蔗实现全程机械化生产的短板。主要原因是甘蔗种植品种、种植行距与机械化收获适应性不强，进口机具购机成本在 200 万以上，普通农户承担不起；农业机械化技术供给不足，国内小型机器除杂、切割等技术水平不高，有待提高。

二、农机作业成本与收益

笔者利用农业部南京农业机械化研究所网络调研平台，对我国水稻、小麦、玉米三大农作物主要农机作业环节的价格和成本进行微观调研，调研对象为农机合作社负责人和县级农机推广人员。小麦农机作业价格与成本问卷共收到 385 份，水稻农机作业价格与成本问卷共收到 329 份，玉米农机作业价格与成本问卷共收到 377 份。

（一）主要农机作业服务市场价格

1. 水稻

东北、黄淮海和南方稻作区是我国三大水稻产区。从不同环节作业价格看，各个区域价格差异仍较为明显，特别是南方稻作区水稻机械化作业价格普遍高于其他稻作区（表 3-1）。

表 3-1　不同水稻产区主要机械化作业环节平均价格

产区	省份	机耕（元/亩）	机播（元/亩）	机植保（元/亩）	机收（元/亩）	烘干（元/千克）
东北稻作区	辽宁	46	53	19	82	0.2
	黑龙江	24	33	16	45	0.14
黄淮海稻作区	安徽	45	90	33	78	0.12
	江苏	72	83	53	81	0.16
南方稻作区	四川	90	80	27	95	0.36
	广东	97	86	35	94	0.34
	广西	118	105	45	118	0.4
	湖北	104	122	28	115	0.34
	湖南	140	120	30	120	0.3

（1）耕整地环节。各地土壤条件、经营规模有差异，机械化技术模式也不尽相同，比如有些地区土壤条件较好，只需要旋耕 1 次，部分地区可能需要 2 次及以上，农机作业价格也会有明显差异（表 3-2）。

表 3-2　典型省份水稻机耕环节技术与作业价格

单位：元/亩

省份	机械化技术	农机作业价格
安徽	旋耕、翻耕	30～60
江苏	旋耕、翻耕	45～120
四川	旋耕、翻耕	50～120
湖北	旋耕、翻耕	70～120
湖南	旋耕、翻耕	100～200
广东	旋耕、翻耕	60～120
广西	旋耕、翻耕	70～150
辽宁	旋耕、翻耕	20～80
黑龙江	旋耕、翻耕	10～50

（2）种植环节。种植机械化水平低是水稻生产全程机械化发展的短板。水稻机械化种植主要有机械化插秧、机械化直播、机械化抛秧等方式，机械化插秧是主要种植方式。从作业价格看，机械化直播价格普遍比机械化插秧低 50％以上（表 3-3）。

表 3-3　主要省份水稻机械化种植环节技术与作业价格

单位：元/亩

省份	机械化技术	农机作业价格
安徽	机械化插秧	60～120
	机械化直播	20～45
江苏	机械化插秧	50～120
四川	机械化插秧	60～150
	机械化直播	50～100
湖北	机械化插秧	50～120
湖南	机械化插秧	60～120
广东	机械化插秧	70～200
	机械化直播	50
广西	机械化插秧	70～120
辽宁	机械化插秧	40～60
黑龙江	机械化插秧	30～80

（3）机械化植保。不同区域机械化植保价格差别不大，不计农药成本，每次施药价格为 5～10 元/亩。

（4）机械化收获。从典型省份湖南、江西、黑龙江、江苏、安徽等来看，水稻机械化收获作业平均价格分别为每亩 120 元、98 元、45 元、81 元和 78 元，作业价格差异较为明显。湖南和江西两省受地形、经营规模等因素制约，机械化作业成本较其他省份偏高。

（5）机械化烘干。不同区域机械化烘干价格差别不大，稻谷机械化烘干平均价格为 0.2 元/千克。

2. 小麦

我国小麦有三大产区，分别是：北方冬小麦区，主要分布在河北、河南、山东、陕西和山西；南方冬小麦区，主要分布在江苏、四川、安徽、湖北；春小麦区，主要分布在黑龙江、新疆、甘肃和内蒙古。每个省份小麦种植技术模式有差异，各个环节作业价格差异也较为显著（表 3-4）。

表 3-4　不同产区小麦主要环节机械化作业平均价格

单位：元/亩

产区	省份	机耕	机播	机植保	机收
北方冬小麦区	河北	40	40	20	65
	河南	40	39	20	62
	山东	77	25	20	80
	陕西	50	45	51	100
	山西	50	39	26	58
南方冬小麦区	江苏	62	46	31	84
	四川	130	75	23	85
	安徽	50	50	27	73
	湖北	80	80	18	100
春小麦区	黑龙江	30	15	10	40
	新疆	48	20	9	62
	甘肃	74	63	38	90
	内蒙古	37	27	24	46

（1）耕整地环节。通过整理数据可以发现，不同地区耕整地技术区别较

大，导致农机作业服务价格差异显著（表3-5）。

表3-5 典型省份小麦机耕环节技术与作业价格

单位：元/亩

主要省份	机械化技术	农机作业平均价格
河北	旋耕	30
	旋耕、深松	47
	深松、深翻	60
江苏	旋耕	50
	旋耕、翻耕	55
	旋耕、翻耕、深松	60
	旋耕、翻耕、深翻	60
	旋耕、翻耕、深翻、深松	70
四川（丘陵山区）	旋耕	120
	旋耕、翻耕	120
	旋耕、深翻	160
黑龙江	深翻	30
	旋耕、翻耕	20
	深松	20

（2）机械化直播。小麦机械化直播仍然以机械化条播为主，机械化作业价格差异不大。

（3）机械化植保。各地小麦植保次数差异不大，不包括农药成本，基本上价格为5～10元/（亩·次）。

（4）机械化收获。从典型省份河南、山东、安徽、河北、江苏看，小麦机械化收获（含秸秆粉碎还田）平均作业价格分别为每亩62元、80元、73元、65元和84元，作业价格差异不大。

3. 玉米

我国玉米种植区域分布不均衡，主要集中在东北、华北和西南地区。种植面积较大的省份主要有黑龙江、吉林、河北、山东、河南、内蒙古、辽宁等，上述7个省份的玉米播种面积占到全国总播种面积的66%左右（表3-6）。

（1）耕整地环节。通过整理数据可以发现，不同地区耕整地技术区别较大，导致农机作业服务价格差异显著（表3-7）。

表3-6 不同产区玉米不同环节机械化作业平均价格

单位：元/亩

产区	省份	机耕	机播	机植保	机收＋秸秆还田	机收＋秸秆打捆
北方春播玉米区	黑龙江	33	16	13	47	65
	吉林	38	30	23	85	110
	内蒙古	38	31	21	61	81
	河北	46	31	27	103	114
	辽宁	52	39	25	80	91
	山西	48	38	22	81	90
	陕西	67	58	25	83	96
	宁夏	40	24	24	77	93
	甘肃	88	78	40	110	120
黄淮海夏播玉米区	山东	52	36	22	82	86
	河南	49	31	20	81	91
	江苏	53	46	20	80	93
	安徽	51	44	22	80	87
西南山地玉米区	四川	103	90	52	119	138
	云南	96	72	60	113	120

表3-7 主要省份玉米耕整地环节技术与作业价格

单位：元/亩

省份	机械化技术	农机作业价格
黑龙江	旋耕	15
	翻耕	30
	深松、深翻	30～35
山东	深松、施肥、深翻	40～50
	施肥、旋耕	10～20
	施肥、旋耕、翻耕	15～35
	施肥、深松、旋耕、深翻	40～100
河南	施肥、旋耕	20～50
	施肥、深松	30～55
	施肥、旋耕、深松	50～80
	施肥、深松、翻耕、深翻	60～150

（续）

省份	机械化技术	农机作业价格
内蒙古	施肥、翻耕、旋耕	25～40
	施肥、深松、翻耕	35～40
	施肥、深松、深翻	40～50
	施肥、旋耕、翻耕	30～50
山西	施肥、深松、旋耕、翻耕	40～75
	施肥、深松、旋耕、深翻	55～80
江苏	施肥、旋耕、翻耕	35～60
	深松、翻耕	30～40
	深翻、旋耕、翻耕	40～100
四川（丘陵山区）	旋耕、翻耕	80～100
	深松、旋耕、翻耕	100～120
	施肥、旋耕、翻耕、深翻	100～130

（2）机械化直播。从典型省份黑龙江、吉林、河北、山东、内蒙古看，玉米机械化直播作业平均价格分别为16元、30元、31元、36元和31元，作业价格差异不大。但是西南山地区，受地形、规模等因素制约，玉米机械化直播作业平均价格较高，如四川玉米机械化直播作业平均价格高达90元/亩。

（3）机械化植保。各地区玉米植保次数平均2～3次，区域作业价格差异不大，不计农药成本，平均价格为10～15元/（亩·次）。

（4）机械化收获。从典型省份黑龙江、吉林、河北、山东、内蒙古看，玉米机械化收获（含秸秆打捆）平均作业价格分别为65元、110元、114元、86元和81元，作业价格差异较大。

（二）农机合作社农机服务价格

1. 合作社案例

江苏宝应县金穗农机服务专业合作社成立于2009年7月，现有社员51人，农机具96台，"三库一间"、烘干厂区等基础设施共1 150米²，烘干机组4组。合作社自营土地44.67公顷，对外提供粮食生产全程机械化作业服务，

2016年开展农机作业服务5 066.67公顷，营业收入达1 650万元。该合作社主要农机服务价格见表3-8。

江苏兴化市戴南常发农机服务专业合作社成立于2013年9月，由兴化市供销合作社、常发农机、农机大户共同投资建立。合作社流转土地400公顷，对外农机服务面积1 000公顷。现有农机具160台（拖拉机35台，收割机44台，高速插秧机81台），2 640米²的机库，500米²的维修车间，1 600米²的烘干机房（烘干机35台），合作社固定资产投资达到2 318万元，2016年被评为国家级示范社。该合作社主要农机服务价格见表3-9。

表3-8　金穗农机服务专业合作社主要农机服务价格

作物	机械化环节	农机作业价格
小麦	耕地（开沟、旋耕、直播）	60元
	收获	60元
水稻	耕整地	70元
	种植（带秧）	247元
	收获（带秸秆粉碎）	65元
	植保（无人机）	120元/公顷
	烘干	0.1元/千克

表3-9　戴南常发农机服务专业合作社主要农机服务价格

作物	机械化环节	农机作业价格
小麦	耕地（开沟、旋耕、直播）	70元
	收获	60元
水稻	耕整地	70元
	种植（不带秧）	50元
	收获（带秸秆粉碎）	65元
	植保	75元/公顷
	烘干	0.1元/千克

2. 成本与收益分析

江苏是我国粮食主产区之一，主要种植模式是粳稻-小麦两熟，是全国稻麦两熟周年种植面积最大的省份。案例中的合作社地处江苏，其水稻、小麦农机服务价格具有代表性。小麦全程机械化技术较为成熟，两个合作社作业价格差异不大；水稻由于品种差异、育秧耗时耗人工等原因，育秧成本较高，因此带秧机械化插秧价格较高，这也是制约机械化插秧推广的重要原因。与传统的植保服务（价格为 75 元/公顷）相比，无人机植保服务费用较高（价格为 120 元/公顷）。目前主流植保无人机价格在 8 万元左右，一次性投资较高，因此作业费用稍高。另据合作社负责人员介绍，使用无人机植保效果较好，较传统植保方法，可以少打农药 1～2 次，很多种粮大户都愿意使用无人机植保，这也是近几年无人机植保被广泛认可的重要原因。水稻其他环节服务价格比较统一，无差异。

第四章

技 术 评 价

我国农业机械化开始向"全程、全面、高质、高效"发展，许多新技术、新装备在农机服务产业中崭露头角，但中国幅员辽阔，地形条件、农业制度、经济发展水平等环境因素差异显著，新技术在推广过程中普遍存在与当地环境不适应，农民需求度不高等问题。因此，笔者2016年通过自主开发的"农机调研"平台，面向全国县级农机推广人员展开调研，共收回了1 044个农业县（区、市、旗、农场）的有效问卷。问卷从经营规模、地形条件、劳动力规模、农民收入、农机推广人员、农业种植结构等方面采集县域农业机械化技术应用环境。

针对农业机械化领域的深松、深翻、免耕播种、地面高效植保、航空植保、化肥撒施、有机肥制备与撒施、粮油烘干、秸秆还田、秸秆打捆回收、残膜回收等11项共性技术，以及水稻、玉米、马铃薯等3种主要粮食作物生产关键技术需求度与技术成熟度开展了问卷调查，在问卷中设计了技术需求度与技术成熟度打分（其分值如下），以及推广应用的制约因素。不需要与不成熟的分值为：0、1、2，需要与比较成熟的分值为：3、4、5，非常需要与完全成熟的分值为：6、7、8。

一、农业机械化技术应用环境

（一）地形条件

地形条件用丘陵山地面积占国土面积的比例来衡量，丘陵山地面积的比例越高，地形条件越差，农机作业难度越大。通过调研发现，丘陵山地面积占国土面积的比例均值超过50%的有云南（95.29%）、重庆（75.42%）、贵州（70.99%）、陕西（59.67%）、江西（59.51%）、广西（58.96%）、四川（58.81%）、福建（58.35%）、山西（50.17%）9个省（自治区、直辖市）。丘陵山地面积占国土面积的比例低于30%的有黑龙江（23.49%）、山东（23.45%）、新疆（20.37%）、河北（20.1%）、北京（19.97%）、江苏（7.88%）、天津（0）7个省（自治区、直辖市）。

丘陵山地面积占国土面积比例大于均值的有浙江、安徽、福建、江西、湖北、湖南、广西、四川、贵州、云南、青海、宁夏12个省（自治区），该类地区的大部分县、区比全省平均值地形条件差。丘陵山地面积占国土面积的比例标准差大于30%的有北京、内蒙古、辽宁、吉林、浙江、安徽、河南、广东、四川、陕西、甘肃11个省（自治区、直辖市），该类地区县域之间的地形条件差异较大。

（二）耕地经营规模

耕地经营规模用县域耕地面积、县域劳均耕地面积、县域耕地流转面积、县域经营面积500亩以上的农户数、县域农机合作社数量5个指标来衡量（表4-1）。

表4-1　县域耕地经营规模

地区	县域耕地面积（万亩）	县域劳均耕地面积（亩/人）	县域耕地流转面积（万亩）	县域经营面积500亩以上的农户数（户）	县域农机合作社数量（个）
北京	25.11	1.34	1.49	7	15
天津	48.66	3.95	18.00	41	38
河北	57.51	5.22	11.80	28	16
山西	52.30	6.22	4.85	13	26
内蒙古	220.90	62.71	62.65	209	34
辽宁	117.45	7.72	18.44	45	50
吉林	223.18	17.19	32.04	117	94
黑龙江	243.49	40.68	116.96	435	59
江苏	90.22	6.43	27.29	87	107
浙江	38.61	2.41	11.26	21	16
安徽	81.39	4.17	26.73	92	44
福建	39.69	4.11	6.87	7	7
江西	39.38	2.87	9.59	17	15
山东	70.56	3.45	9.31	29	77
河南	72.56	2.84	15.76	50	43
湖北	64.16	3.10	12.81	43	28
湖南	61.64	3.02	18.59	75	41
广东	43.07	6.48	10.12	23	14
广西	51.14	3.42	7.51	15	17
重庆	94.13	2.28	46.81	180	28

（续）

地区	县域耕地面积（万亩）	县域劳均耕地面积（亩/人）	县域耕地流转面积（万亩）	县域经营面积500亩以上的农户数（户）	县域农机合作社数量（个）
四川	38.92	2.22	8.08	15	14
贵州	88.08	3.46	10.78	20	9
云南	35.32	2.32	3.40	3	3
陕西	49.41	5.15	4.15	13	9
甘肃	72.70	7.60	12.67	42	16
青海	42.97	6.88	7.52	50	10
宁夏	92.26	12.30	15.80	89	17
新疆	84.68	17.46	19.21	56	11

从表 4-1 可以看出，县域耕地面积超过 100 万亩的地区为内蒙古、黑龙江、吉林、辽宁，面积在 80 万～100 万亩的地区为江苏、安徽、重庆、贵州、宁夏、新疆，面积在 60 万～80 万亩的地区为山东、河南、湖北、湖南、甘肃，面积在 40 万～60 万亩的地区为天津、河北、山西、广东、广西、陕西、青海，面积低于 40 万亩的地区为北京、浙江、福建、江西、四川、云南。

县域劳均耕地面积最大的是内蒙古（62.71 亩/人），其次是黑龙江（40.68 亩/人）。其余地区劳均耕地面积均低于 20 亩/人，其中，劳均耕地面积大于 10 亩/人的地区为吉林（17.19 亩/人）、新疆（17.46 亩/人）、宁夏（12.30 亩/人），劳均耕作面积在 5～10 亩/人的地区为河北、山西、辽宁、江苏、广东、陕西、甘肃、青海，劳均耕作面积在 5 亩以下的地区为北京、天津、浙江、安徽、福建、江西、山东、河南、湖北、湖南、广西、重庆、四川、贵州、云南。

县域耕地流转面积超 100 万亩的地区仅有黑龙江（116.96 万亩），流转面积超 50 万亩的还有内蒙古（62.65 万亩），流转面积为 30 万～50 万亩的地区有吉林、重庆，流转面积为 20 万～30 万亩的地区有江苏、安徽，流转面积为 10 万～20 万亩的地区有天津、河北、辽宁、浙江、河南、湖北、湖南、广东、贵州、甘肃、宁夏、新疆。

县域经营面积 500 亩以上的农户数量地区分布为：农户数超 100 户的地区有内蒙古（209 户）、吉林（117 户）、黑龙江（435 户）、重庆（180 户），农户数为 80～100 户的地区有江苏、安徽、宁夏，农户数为 60～80 户的地区有湖南，农户数为 40～60 户的地区有天津、辽宁、河南、湖北、甘肃、青海、新疆，农户数不足 10 户的地区有北京、福建、云南。

县域农机合作社数量超 100 个的地区仅江苏（107 个），数量超 80 个的地区还有吉林（94 个），数量为 60～80 个的地区有山东，数量为 40～60 个的地区有辽宁、黑龙江、安徽、河南、湖南，数量为 20～40 个的地区有天津、山西、内蒙古、湖北、重庆，其余 15 个省份县域农机合作社数量不足 20 个。

（三）农民收入水平

农民收入主要由农业收入和务工收入组成，由于农业收入较为固定，故不予调查，主要调查县域农民在本地务工收入水平和外出打工收入水平，用以衡量当地农民收入水平（表 4-2）。

表 4-2　县域农民收入水平调查结果

地区	本地建筑工日均收入（元/日）	本地农业小工日均收入（元/日）	长年外出打工月均收入（元/月）
北京	190	106.67	3 233
天津	175.83	125.83	3 741
河北	146.68	84.73	3 612
山西	144.41	88.03	3 039
内蒙古	201.67	141.88	3 779
辽宁	193.45	103.45	3 324
吉林	208	123	3 311
黑龙江	175.33	124	3 060
江苏	202	98.57	3 758
浙江	223.75	150.32	3 588
安徽	189.19	105.98	3 654
福建	227.42	126.02	3 686
江西	192.95	120.45	3 689
山东	164.59	101.90	3 859
河南	159.23	85.28	3 798
湖北	201.25	130.63	3 455
湖南	201.63	137.93	3 576
广东	200.44	116.44	2 993
广西	167.02	95.35	2 912
重庆	293.33	80	4 167
四川	184.32	97.79	3 441
贵州	186.32	87.89	3 490

（续）

地区	本地建筑工日均收入（元/日）	本地农业小工日均收入（元/日）	长年外出打工月均收入（元/月）
云南	112.5	80	2 625
陕西	156.89	96.29	3 298
甘肃	155.96	96.35	3 126
青海	140	93.75	2 825
宁夏	183.64	100.91	3 159
新疆	188.33	121.29	3 268

由表4-2可以看出，县域农民在本地从事建筑工日均收入超过200元/日的地区有内蒙古（201.67元/日）、吉林（208元/日）、浙江（223.75元/日）、福建（227.42元/日）、湖北（201.25元/日）、湖南（201.63元/日）、广东（200.44元/日）、重庆（293.33元/日），收入在150～200元/日的地区有北京（190元/日）、天津（175.83元/日）、辽宁（193.45元/日）、黑龙江（175.33元/日）、安徽（189.19元/日）、江西（192.95元/日）、山东（164.59元/日）、河南（159.23元/日）、广西（167.02元/日）、四川（184.32元/日）、贵州（186.32元/日）、陕西（156.89元/日）、甘肃（155.96元/日）、宁夏（183.64元/日）、新疆（188.33元/日），收入低于150元/天的地区有河北（146.68元/日）、山西（144.41元/日）、云南（112.5元/日）、青海（140元/日）。

本地农业小工日均收入超过120元/日的地区有天津（125.83元/日）、内蒙古（141.88元/日）、吉林（123元/日）、黑龙江（124元/日）、浙江（150.32元/日）、福建（126.02元/日）、江西（120.45元/日）、湖北（130.63元/日）、湖南（137.93元/日）、新疆（121.29元/日），收入在100～120元/日的地区有北京、辽宁、安徽、山东、广东、宁夏，收入低于100元/日的地区有河北、山西、江苏、河南、广西、重庆、四川、贵州、云南、陕西、甘肃、青海。

县域农民外出打工月均收入超过3 500元/月的地区有天津（3 741元/月）、河北（3 612元/月）、内蒙古（3 779元/月）、江苏（3 758元/月）、浙江（3 588元/月）、安徽（3 654元/月）、福建（3 686元/月）、江西（3 689元/月）、山东（3 859元/月）、河南（3 798元/月）、湖南（3 576元/月）、重庆（4 167元/月），收入在3 000～3 500元/月的地区有北京、山西、辽宁、吉林、黑龙江、湖北、四川、贵州、陕西、甘肃、宁夏、新疆，收入低于3 000元/月的地区有广东、广西、云南、青海。

（四）农机推广队伍

当前，我国农机推广系统主要由农机推广站和农业机械化学校两个部门组成，全国各地区两个部门的人员配备总量和人员学历水平情况见表4-3。

表4-3 全国县域农机推广队伍调查结果

单位：人

地区	农机推广站人数	其中大专及以上学历人数	农业机械化学校人数	其中大专及以上学历人数
北京	23	16	27	22
天津	5	4	8	6
河北	8	5	4	3
山西	6	5	3	2
内蒙古	8	6	4	3
辽宁	10	7	10	9
吉林	33	15	19	11
黑龙江	8	7	6	5
江苏	10	7	6	5
浙江	12	10	2	2
安徽	15	9	7	5
福建	8	5	1	1
江西	12	7	3	2
山东	8	6	7	5
河南	9	4	11	5
湖北	9	6	10	6
湖南	17	7	8	4
广东	12	5	3	1
广西	16	9	9	6
重庆	8	7	0	0
四川	10	7	3	3
贵州	8	7	5	2
云南	7	5	6	3
陕西	20	11	9	6
甘肃	11	8	6	4
青海	25	16	4	4
宁夏	20	18	4	3
新疆	29	20	7	6

由表 4-3 可以看出，县域农机推广站人数超过 20 人（含 20 人）的地区有北京（23 人）、吉林（33 人）、陕西（20 人）、青海（25 人）、宁夏（20 人）、新疆（29 人），人数为 15~19 人的地区有安徽（15 人）、湖南（17 人）、广西（16 人），人数为 10~14 人的地区有辽宁（10 人）、江苏（10 人）、浙江（12 人）、江西（12 人）、广东（12 人）、四川（10 人）、甘肃（11 人），人数在 10 人以下的地区有天津、河北、山西、内蒙古、福建、山东、河南、湖北、重庆、贵州、云南。绝大部分县域农机推广站人数在 10 人以下，全国平均每个县级农机推广站人数为 11 人。农机推广站的大专（及）以上学历人数占总人数比例超过 80%（含 80%）的地区有天津、山西、黑龙江、浙江、重庆、宁夏，比例为 60%~80% 的地区有北京、河北、内蒙古、辽宁、江苏、安徽、福建、山东、湖北、四川、云南、甘肃、青海、新疆，比例不足 50% 的地区有吉林、河南。

县域农业机械化学校人数超过 20 人的有北京（27 人），人数为 10~20 人的地区有辽宁（10 人）、吉林（19 人）、河南（11 人）、湖北（10 人），人数为 5~9 人的地区有天津（8 人）、黑龙江（6 人）、江苏（6 人）、安徽（7 人）、山东（7 人）、湖南（8 人）、广西（9 人）、贵州（5 人）、云南（6 人）、陕西（9 人）、甘肃（6 人）、新疆（7 人），不足 5 人的地区有河北、山西、内蒙古、浙江、福建、江西、广东、重庆、四川、青海、宁夏。县域农业机械化学校的大专（及）以上学历人数占总人数比例超过 80% 的地区有北京、辽宁、黑龙江、江苏、浙江、福建、四川、青海、新疆，比例为 60%~80% 的地区有天津、河北、山西、内蒙古、安徽、江西、湖北、山东、广西、陕西、甘肃、宁夏，比例不足 50% 的地区有河南、广东、贵州。

二、主粮作物生产关键机械化技术需求

（一）水稻种植机械化技术需求

水稻全程机械化的主要短板为种植环节，当前我国水稻最主要的种植方式为直播与移栽，对应的机械化技术为精量直播技术与机械化育插秧技术。

1. 精量直播技术

通过基层推广人员调查发现，水稻精量直播技术应用率较低，普遍低于 5%。宁夏最高，达到了 46.17%；其次是江苏，达到了 10.84%；高于 5% 的地区还有安徽（7.54%）、广东（5.2%）、湖北（9.2%）、湖南（7.2%）、江西（7.71%）、四川（7.27%）。从图 4-1、彩图 4-1 可以看出各地对水稻精量直播技术需求迫切程度较低，大多为"需要"，仅宁夏为"非常需要"，其中广东、广西、吉林为"不需要"。从图 4-2、彩图 4-2 可看出，水稻精量直播

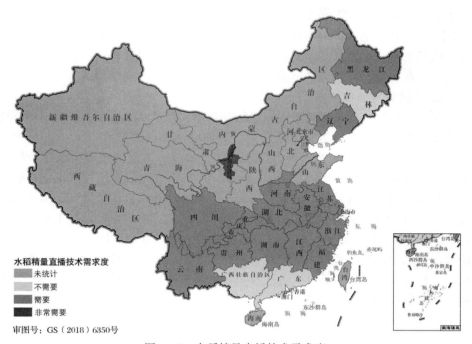

审图号：GS（2018）6350号

图 4-1 水稻精量直播技术需求度

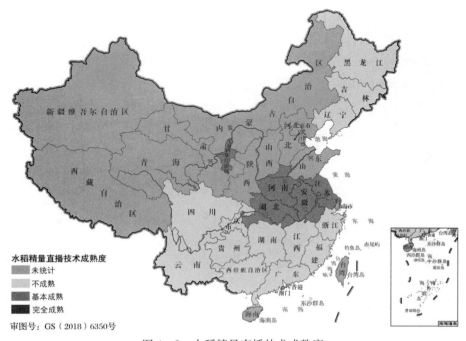

审图号：GS（2018）6350号

图 4-2 水稻精量直播技术成熟度

技术成熟度较低，比较成熟的地区为安徽、河南、湖北、江苏、宁夏5个省（自治区），其他地区均为不成熟，主要制约因素为装备不能很好地适应水田条件，机具购置成本太高。因此，现阶段应继续对水稻精量直播技术进行优化升级定型，在各地开展适应性试验，提高该装备技术的可靠性和适应性。

2. 机械化育插秧技术

通过基层推广人员调查发现，机械化育插秧技术的应用率显著高于精量直播技术，其中黑龙江、吉林、辽宁和江苏的应用率已超过60%，大部分地区应用率超过30%，不过西南地区以及广西、福建、河南信阳等耕地条件较差的地区，应用率仍低于20%。从图4-3、彩图4-3可以看出，机械化育插秧技术的需求迫切程度较高，安徽、河南、吉林、江苏、重庆等地区都为"非常需要"，其他地区为"需要"。该技术经过多年的推广应用，已经基本成熟（图4-4、彩图4-4），吉林、江苏、河南已完全成熟，其他地区（云南除外，云南样本数太少）基本成熟。机械化育插秧技术需求度高且技术已基本成熟，则应继续加大推广力度。此外，各地反馈制约机械化育插秧推广应用的因素为水稻育秧成本高和机具购置成本太高，机械化育插秧技术与耕地条件不适应也是其中的主要制约因素，且主要集中在华南与西南地区。

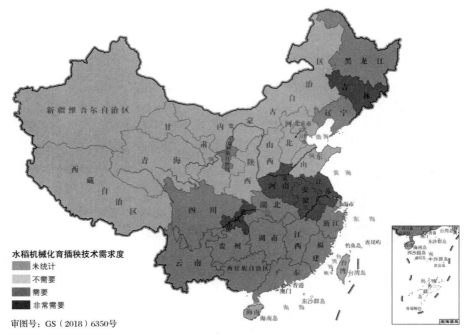

审图号：GS（2018）6350号

图4-3　水稻机械化育插秧技术需求度

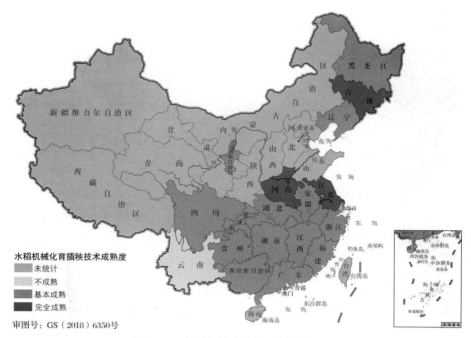

审图号：GS（2018）6350号

图4-4　水稻机械化育插秧技术成熟度

（二）玉米收获机械化技术需求

玉米收获主要有籽粒收获（籽粒直收）、摘穗收获两种方式，其中摘穗收获是当前应用较广泛的技术，但需要后续的脱粒作业，整体效率相对降低。籽粒收获是田间一次性完成摘穗、脱粒的联合作业，但受制于我国农时紧、玉米籽粒含水率高，尚未得到大面积推广。

1. 籽粒收获技术

通过基层推广人员调查发现，玉米籽粒收获机械化技术应用率普遍较低，绝大部分地区都低于10%，超过20%的仅黑龙江与新疆，超过10%的有河南、江苏、内蒙古、宁夏。由图4-5、彩图4-5可知，除广东外，大部分省份都需要该技术，但需求度普遍不太高。由图4-6、彩图4-6可知，除黑龙江、湖北、江苏、河南外，大部分地区都认为该技术不成熟，主要制约因素为机具可靠性低，购机成本高，农机农艺不协调。因此，玉米籽粒收获机械化技术仍需要加大研发力度，攻克农机农艺衔接问题，提高机具可靠性，降低整机成本。

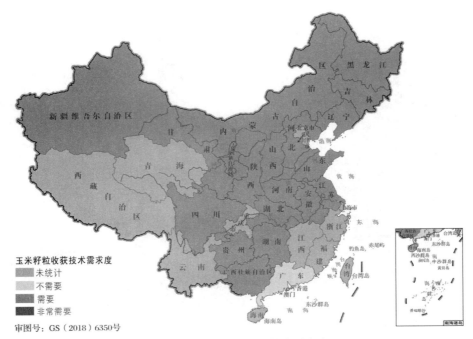

审图号：GS（2018）6350号

图 4 - 5 玉米籽粒收获技术需求度

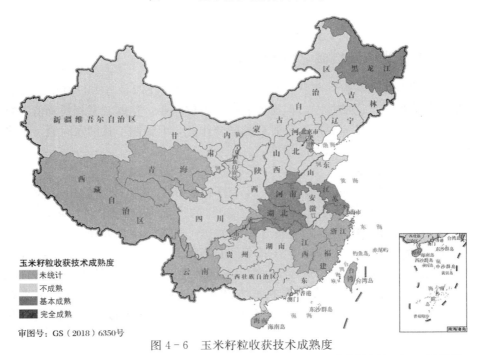

审图号：GS（2018）6350号

图 4 - 6 玉米籽粒收获技术成熟度

注：浙江、江西、云南、福建、重庆、北京、天津、云南、青海、西藏的样本县太少，不作计算。

2. 摘穗收获技术

通过基层推广人员调查发现，玉米摘穗收获技术应用率显著高于籽粒收获技术，其中山东的应用率高达81%，安徽、河北、河南、黑龙江、江苏、辽宁、内蒙古、宁夏等地区的应用率超过50%。从图4-7、彩图4-7可以看出，该技术需求度也高于籽粒收获技术，仅广东、广西、四川不需要，山东非常需要，其他需要的省份需求度分值多高于4分。由图4-8、彩图4-8可知，该技术在大部分地区基本成熟，不成熟的地区为广东、广西、贵州、湖南、四川（不包括未统计的省份），不成熟的主要原因为耕地条件不适应。因此，玉米摘穗收获技术应继续加大推广力度，逐步探索轻简化机型。对比两种收获技术需求度与成熟度可知，当前阶段玉米收获技术推广应以摘穗收获为主。

（三）马铃薯种植与收获机械化技术需求

马铃薯作为重要的主粮作物，机械化发展较为滞后，尤其是种植与收获环节，制约了马铃薯产业的健康可持续发展。

1. 薯块精播技术

通过基层推广人员调查发现，马铃薯薯块精播技术总体呈现北高南低的格局，北方产区应用率全高于20%，其中内蒙古高达72%。但贵州、四川、湖北恩施等西南产区受地形条件制约，该技术应用率仅1%左右。超过50%的县认为耕地条件不适应、机具购置成本太高是马铃薯薯块精播技术无法大面积推广应用的最大障碍。由图4-9、彩图4-9可知，所有地区均需要薯块精播技术，其中青海与黑龙江需求度分值超过6分，达到"非常需要"标准。但大部分地区均认为该技术不成熟（图4-10、彩图4-10），只有内蒙古、山东、青海认为该技术基本成熟。主要的制约因素为机具可靠性较差，故障频发，与农艺结合不好。因此，马铃薯薯块精播技术仍需要优化提升，不断完善技术与装备的可靠性，提升作业性能。

2. 马铃薯联合收获技术

通过基层推广人员调查发现，马铃薯联合收获技术的应用区域分布与薯块精播技术基本一致，但整体应用率低于薯块精播。由图4-11、彩图4-11可知，在调研省份中，所有地区均需要联合收获技术，其中青海与黑龙江需求度分值超过6分，达到"非常需要"等级。由图4-12、彩图4-12可知，内蒙古、宁夏、青海、山西认为马铃薯联合收获技术基本成熟，其他大部分地区均认为该技术不成熟。同样的，超过50%的县级推广机构认为不适应耕地条件和机具购置成本太高是马铃薯联合收获技术推广应用的最大障碍。因此，需要加大马铃薯联合收获技术的改进力度，开发适用技术装备。

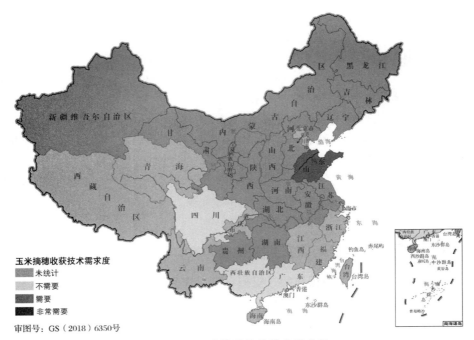

审图号：GS（2018）6350号

图 4-7 玉米摘穗收获技术需求度

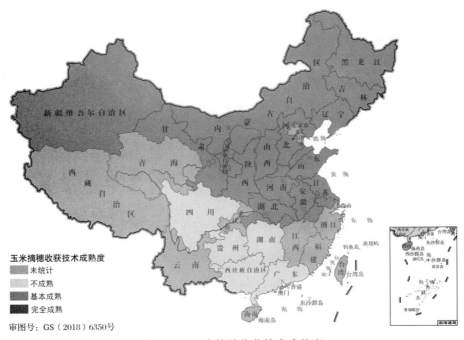

审图号：GS（2018）6350号

图 4-8 玉米摘穗收获技术成熟度

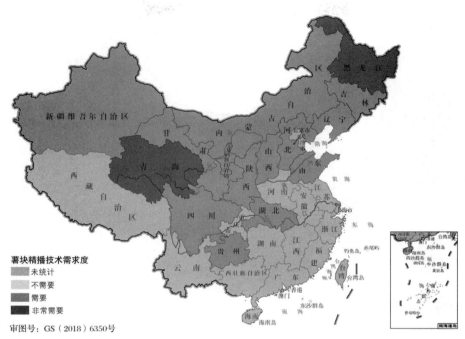

薯块精播技术需求度
未统计
不需要
需要
非常需要

审图号：GS（2018）6350号

图 4 - 9　薯块精播技术需求度

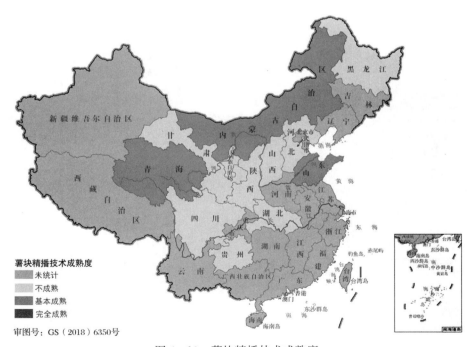

薯块精播技术成熟度
未统计
不成熟
基本成熟
完全成熟

审图号：GS（2018）6350号

图 4 - 10　薯块精播技术成熟度

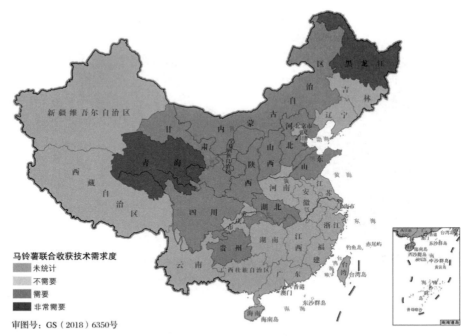

审图号：GS（2018）6350号

图 4-11　马铃薯联合收获技术需求度

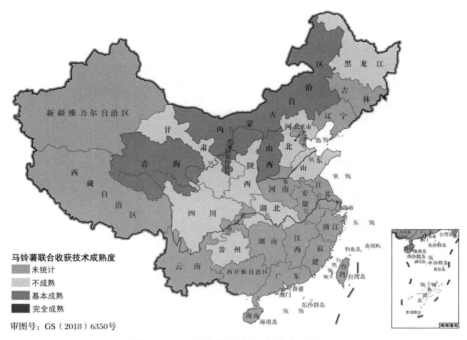

审图号：GS（2018）6350号

图 4-12　马铃薯联合收获技术成熟度

三、共性关键机械化技术需求

（一）机械化植保技术需求

植保是全程机械化的重要环节，也是所有粮食作物的共性关键技术，当前机械化植保主推技术主要有地面高效植保技术和航空植保技术两种。

1. 地面高效植保技术

由图 4-13、彩图 4-13 可知，地面高效植保需求度较高，大部分地区需求度分值超过了 4 分，其中江苏、宁夏、天津的需求度分值超过了 6 分，达到"非常需要"级别。由图 4-14、彩图 4-14 可知，该技术的成熟度并不高，绝大部分地区成熟度分值都低于 4 分，其中，北京、福建、甘肃、广东、贵州、辽宁、山西、云南、重庆等地区成熟度分值低于 3 分，即地面高效植保技术在上述地区不成熟。其中最主要的制约因素为耕地条件不适应，机具购置成本太高，与农艺制度不匹配。因此，地面高效植保技术需要注重农机农艺技术提升融合，不断提升机具农业性能。

2. 航空植保技术

由图 4-15、彩图 4-15 可知，航空植保技术的需求度低于地面高效植保

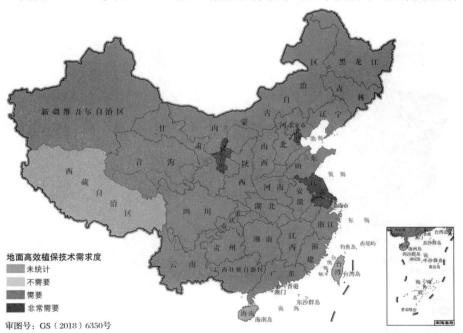

地面高效植保技术需求度
- 未统计
- 不需要
- 需要
- 非常需要

审图号：GS（2018）6350号

图 4-13　地面高效植保技术需求度

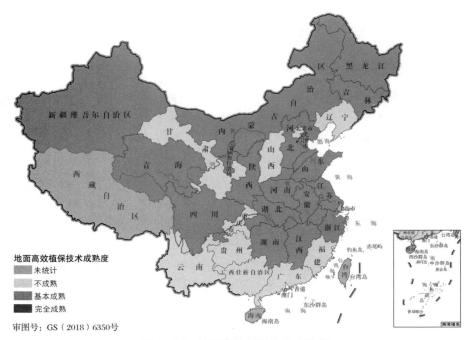

地面高效植保技术成熟度

未统计
不成熟
基本成熟
完全成熟

审图号：GS（2018）6350号

图 4－14　地面高效植保技术成熟度

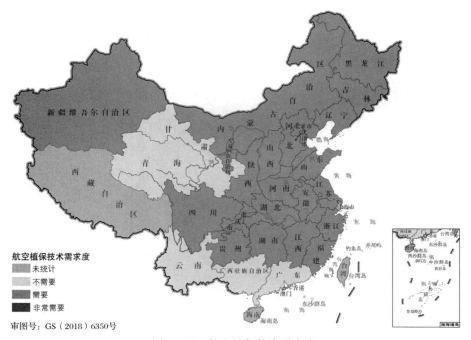

航空植保技术需求度

未统计
不需要
需要
非常需要

审图号：GS（2018）6350号

图 4－15　航空植保技术需求度

技术，所有调研地区需求度分值均低于 5 分，无"非常需要"，其中甘肃、广东、广西、青海、云南等地区需求度分值低于 3 分，近 30％的县认为不需要航空植保技术。由图 4-16、彩图 4-16 可知，该技术成熟度非常低，所有地区成熟度分值均低于 3 分，为"不成熟"。最主要的制约因素为机具购置成本高，无可用机器，机具可靠性差，故障较多。因此，航空植保技术尚难于大面积推广，需要继续开展科研攻关，提高机具可靠性和防治效果，探索航空植保社会化服务模式，减轻用户的经济负担。

图 4-16 航空植保技术成熟度

（二）深松深翻技术需求

实施农机深松整地作业，可以打破坚硬的犁底层，加深耕层，还可以降低土壤容重，提高土壤通透性，增强土壤蓄水保墒和抗旱防涝能力，有利于作物生长发育和提高产量。实践证明，农机深松整地是改善耕地质量，提高农业综合生产能力，促进农业可持续发展的重要举措。"十二五"期间，全国累计完成深松整地作业面积 5 666.7 万公顷。

由图 4-17、彩图 4-17 可知，深松深翻技术的需求度较高，其中黑龙江、天津、宁夏等地区需求度超过 6 分，达到"非常需要"级别。华北、西北、华中等区域全部需要该技术，只有四川、云南、浙江、广东等地区需求度低于 3

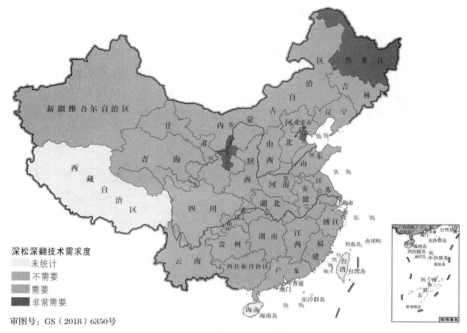

审图号：GS（2018）6350号

图 4-17　深松深翻技术需求度

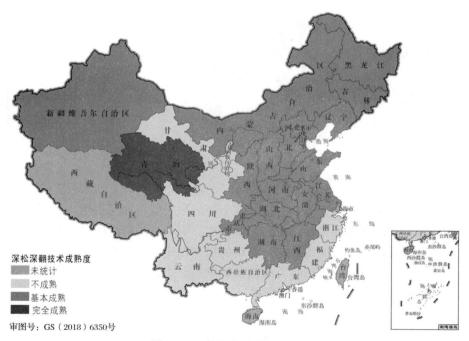

审图号：GS（2018）6350号

图 4-18　深松深翻技术成熟度

分，不需要深松深翻技术。由图4-18、彩图4-18可知，该技术成熟度较高，华中、华北、东北、西北、黄淮海等地区成熟度分值均高于3分，为"基本成熟"，其中青海的成熟度分值为6分，认为该技术"非常成熟"。主要制约因素包括耕地条件不适应，机具购置成本高，机具可靠性不高等。因此，在深松深翻技术推广区域，要因地制宜确定深松深翻技术模式，降低机具制造成本。

（三）免耕播种技术需求

免耕播种技术包括旱作免耕播种、稻作免耕播种等，截至2016年年底，全国免耕播种作业面积已经达到1 420.82万公顷，占全国机播面积的16.16%。

由图4-19、彩图4-19可知，免耕播种技术的需求度较高，尤其是华北、西北、东北、华中、长江中下游等地区，西南地区的四川、贵州、重庆也需要该技术，浙江、福建、广东、广西、云南等省份需求度低于3分，不需要免耕播种技术。由图4-20、彩图4-20可知，该技术成熟度不太高，东南沿海区域、两广地区、西南地区、西北的甘肃等区域成熟度分值低于3分，认为机械化免耕播种技术仍不成熟，其他区域认为该技术基本成熟，但所有地区成熟度分值均低于6分，无"完全成熟"级别。主要制约因素为耕地条件不适应，机具可靠性不高。因此，在免耕播种技术推广区域，应加强免耕播种机具的技术升级，提高机具可靠性，降低故障率。

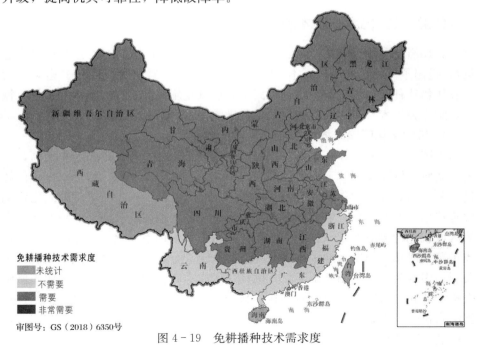

审图号：GS（2018）6350号

图4-19　免耕播种技术需求度

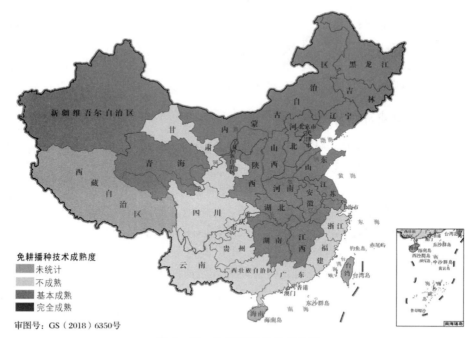

免耕播种技术成熟度
- 未统计
- 不成熟
- 基本成熟
- 完全成熟

审图号：GS（2018）6350号

图 4-20　免耕播种技术成熟度

（四）机械化施肥技术需求

2015 年，农业部出台了《关于打好农业面源污染防治攻坚战的实施意见》，提出了"一控两减三基本"的战略部署，其中减少化肥用量、畜禽粪污与农作物秸秆基本得到资源化利用离不开机械化施肥技术作为支撑，包括机械化化肥撒施技术、有机肥机械化制备与撒施技术。

1. 机械化化肥撒施技术需求

由图 4-21、彩图 4-21 可知，机械化化肥撒施技术的需求度非常高，全国已调研区域除青海和云南之外都需要该技术，其中江苏和天津需求度分值超过 6 分，达到"非常需要"级别。由图 4-22、彩图 4-22 可知，机械化化肥撒施技术成熟度不高，东南地区、华南地区、西南地区以及西北的陕西与青海等区域成熟度分值低于 3 分，机械化化肥撒施技术仍不成熟，其他区域认为该技术基本成熟，但所有地区成熟度分值均低于 6 分，无"完全成熟"级别。主要制约因素为与农艺制度不匹配，机具购置成本高。因此，必须加强化肥撒施农机农艺融合研究，通过肥料创新、耕作制度创新等促进农机农艺相互适应，提高农机适用性；同时加快化肥撒施机具本土化改造，研发具有自主知识产权的产品，降低整机成本。

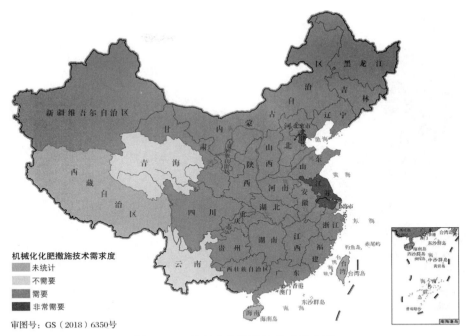

审图号：GS（2018）6350号

图 4-21　机械化化肥撒施技术需求度

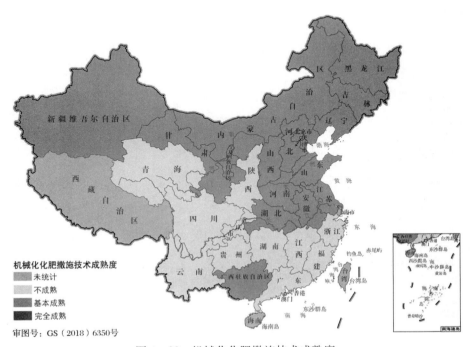

审图号：GS（2018）6350号

图 4-22　机械化化肥撒施技术成熟度

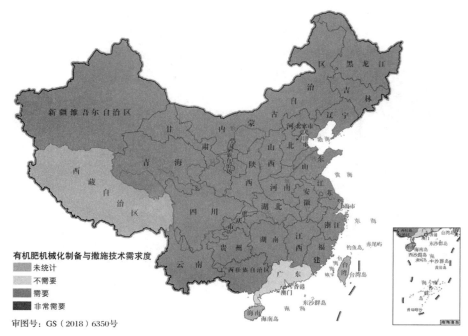

审图号：GS（2018）6350号

图 4-23　有机肥机械化制备与撒施技术需求度

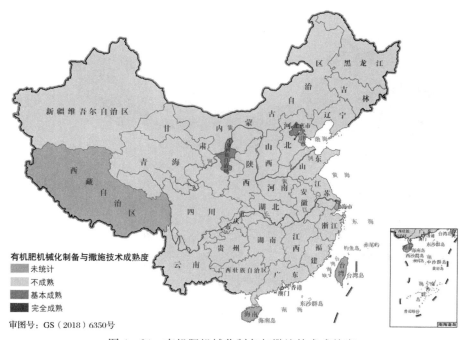

审图号：GS（2018）6350号

图 4-24　有机肥机械化制备与撒施技术成熟度

2. 有机肥机械化制备与撒施技术

由图 4-23、彩图 4-23 可知，有机肥机械化制备与撒施技术的需求度非常高，全国已调研区域除广东之外都需要该技术，但无"非常需要"的地区。由图 4-24、彩图 4-24 可知，有机肥机械化制备与撒施技术成熟度不高，全国除宁夏和北京地区认为该技术基本成熟之外，其他区域成熟度分值低于 3 分，有机肥机械化制备与撒施技术仍不成熟。最主要的制约因素为机具购置成本太高，机具可靠性差，故障多，相当一部分地区认为无机械可用。因此，需要加强有机肥机械化制备与撒施技术装备的研发力度，研制高效适用、可靠性高的装备产品；加快国外先进产品的引进、消化、再创新，实施有机肥机械化制备与撒施装备的本土化改造。

（五）粮油机械化烘干技术需求

粮油机械化烘干可以保障粮油收获后颗粒归仓，降低遭遇极端天气的产后损失，同时粮油机械化烘干技术也是避免露天晾晒遭受污染、提高品质的重要手段。2016 年农业部出台的《关于推动主要农作物生产全程机械化行动的意见》明确将烘干列为全程机械化的重要环节。

由图 4-25、彩图 4-25 可知，粮油机械化烘干技术的需求度非常高，全国调研区域除甘肃之外都需要该技术，其中江苏的需求度分值超过 6 分，达到

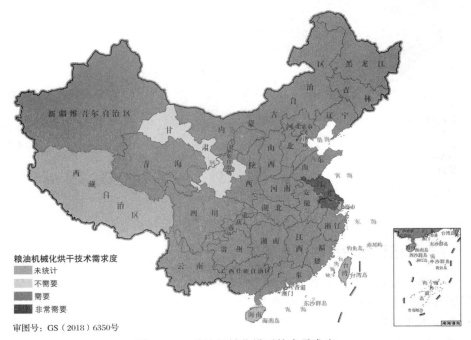

审图号：GS（2018）6350号

图 4-25 粮油机械化烘干技术需求度

"非常需要"的级别。由图 4-26、彩图 4-26 可知，粮油机械化烘干技术成熟度不高，华南地区、西南地区、华北地区及东北的吉林与辽宁、西北的陕西与甘肃等地区成熟度分值均低于 3 分，认为该技术仍不成熟，长江中下游、黄淮海以及黑龙江、内蒙古、宁夏、青海等地区认为该技术基本成熟，没有地区认为该技术完全成熟。主要制约因素为机具使用成本太高，据调查，目前平均每千克稻谷烘干成本为 0.1 元，相当于每公顷平均增加成本达到 100～160 元，影响了烘干技术推广应用。其次是烘干设备购置成本过高，包括烘干机组的购置成本以及配套基建成本，部分地区还存在建设用地难以获得等问题。因此，在加强改进低能耗烘干技术装备研发的同时，需要研究制定机具补贴、能源补贴、基建补贴、用地支持等扶持政策。

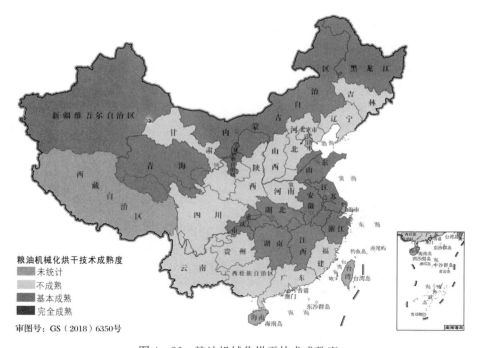

审图号：GS（2018）6350号

图 4-26　粮油机械化烘干技术成熟度

（六）秸秆综合利用技术需求

我国作为农业大国，每年生成 7 亿多吨秸秆，经常出现大量秸秆集中焚烧污染环境现象。《关于打好农业面源污染防治攻坚战的实施意见》提出到 2020 年要基本实现农作物秸秆综合利用。我国农作物秸秆综合利用包括秸秆还田和秸秆打捆回收两种方式。

1. 秸秆还田机械化技术

由图4-27、彩图4-27可知，秸秆还田机械化技术的需求度非常高，全国已调研区域都需要该技术，其中江苏、安徽、河南、重庆、天津等地区秸秆还田机械化技术的需求度分值超过6分，达到"非常需要"级别。由图4-28、彩图4-28可知，秸秆还田机械化技术成熟度较高，除福建、广东、广西、云南、贵州、重庆之外，其他地区秸秆还田机械化技术成熟度分值均高于3分，认为该技术基本成熟，其中江苏的秸秆还田机械化技术成熟度分值为6.8分，认为该技术完全成熟。秸秆还田机械化技术主要制约因素为机具可靠性不高，与耕地条件不适应。因此，为了加快秸秆还田机械化技术的推广应用，需加强秸秆还田机械化技术装备的研发力度，研制高效适用、可靠性高的秸秆还田装备，同时加大南方丘陵山区耕地宜机化改造。

2. 秸秆机械化打捆回收技术

由图4-29、彩图4-29可知，秸秆机械化打捆回收技术的需求度较高，全国已调研区域除广东、广西、云南和四川之外，都需要该技术，其中天津需求度分值超过6分，达到"非常需要"级别。由图4-30、彩图4-30可知，秸秆机械化打捆回收技术成熟度低，黄淮海地区、京津地区以及内蒙古、宁夏、青海、新疆等地区认为该技术基本成熟，其他地区秸秆机械化打捆回收技术成熟度分值均低于3分，认为该技术不成熟。秸秆机械化打捆回收技术主要制约因素为机具购置成本太高，目前我国市

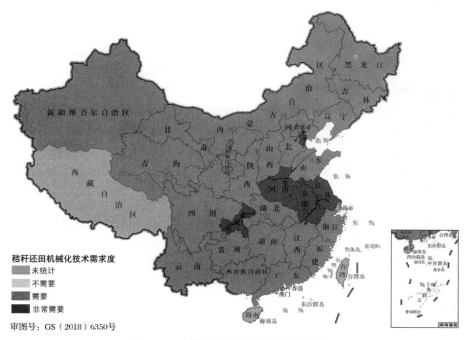

审图号：GS（2018）6350号

图4-27 秸秆还田机械化技术需求度

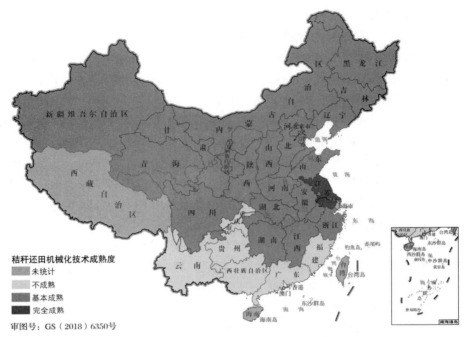

秸秆还田机械化技术成熟度

未统计
不成熟
基本成熟
完全成熟

审图号：GS（2018）6350号

图 4 - 28　秸秆还田机械化技术成熟度

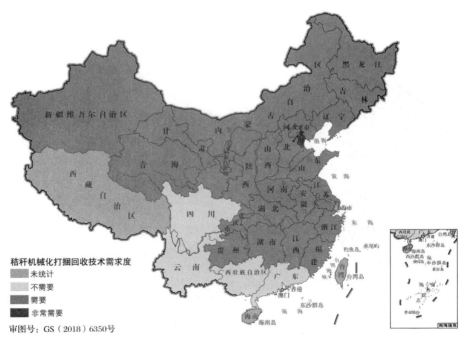

秸秆机械化打捆回收技术需求度

未统计
不需要
需要
非常需要

审图号：GS（2018）6350号

图 4 - 29　秸秆机械化打捆回收技术需求度

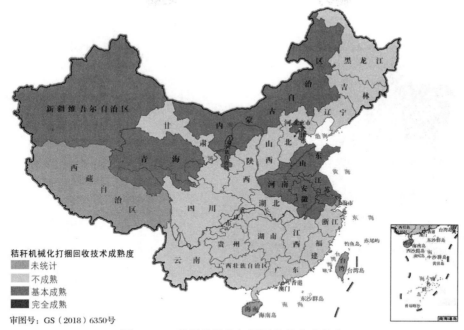

图 4-30 秸秆机械化打捆回收技术成熟度

场上成熟的秸秆打捆机大多为欧美农机企业生产，秸秆回收作业市场尚未形成规模，农机户难以获得理想的投资回报。因此，为了加快推广应用秸秆机械化打捆回收技术，需要加强装备技术研发力度，研制适合我国农情的秸秆打捆回收装备。

（七）机械化残膜回收技术需求

　　农用地膜广泛应用，为农业增产、农民增收做出了贡献，但对农田和周围环境产生严重污染，制约了农业可持续发展。《关于打好农业面源污染防治攻坚战的实施意见》（农科教发〔2015〕1号）提出要着力解决农田残膜污染，其中重要举措是加强地膜残留捡拾与回收。

　　由图 4-31、彩图 4-31可知，机械化残膜回收技术的需求度较高，全国已调查区域除江苏、浙江、广东、广西、湖南和吉林之外，都非常需要该技术，其中天津和新疆的机械化残膜回收技术的需求度分值超过6分，达到"非常需要"级别。由图 4-32、彩图 4-32可知，机械化残膜回收技术成熟度非常低，全国已调查区域除新疆与青海认为该技术基本成熟外，其他地区机械化残膜回收技术成熟度分值低于3分，认为该技术不成熟。目前，机械化残膜回收技术主要制约因素是没有适用的机型。因此，为了加快机械化残膜回收技术的推广应用，必须加强机械化残膜回收技术装备的研发力度，研制适合不同产区农情、农机农艺融合，能被农机户接受的残膜回收装备。

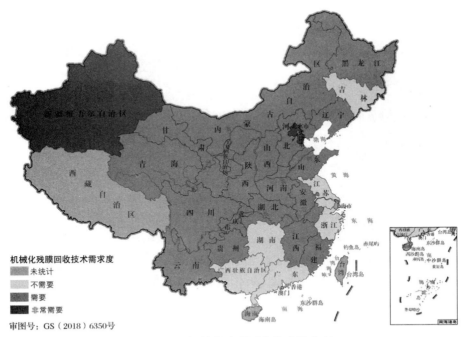

图 4-31　机械化残膜回收技术需求度

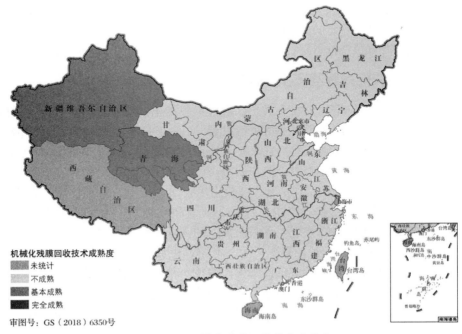

图 4-32　机械化残膜回收技术成熟度

第五章

扶 持 政 策

    2004 年以来，我国高度重视农业机械化法律法规建设，制定和实施了一系列扶持农机服务产业发展的政策措施。《中华人民共和国农业机械化促进法》（2004 年）、《农业机械安全监督管理条例》（2009 年）、《国务院关于促进农业机械化和农机工业又好又快发展的意见》（2010 年）先后颁布实施，标志着我国农业机械化步入了依法促进的阶段，又先后出台了相关扶持政策。本章从中央 1 号文件要求入手，分别从补贴、技术推广、土地流转、金融扶持等方面对农机服务产业扶持政策进行较全面地梳理总结。

一、国家扶持政策

    2004—2017 年，连续 14 个中央 1 号文件不断强化对农业机械化发展的支持，农业机械购置补贴力度持续加大，对主要农作物关键薄弱环节机械化、丘陵山区机械化、深松整地、保护性耕作、秸秆还田、高效植保等新技术，新型农机社会化服务组织培育、农机服务市场化与产业化、适宜机械化生产的农作物新品种培育、农机工业改造升级、农机核心零部件自主研发、农机信贷抵押等方面提出了明确的扶持方向，促进了相应具体扶持政策措施的加快出台。其中 2010 年以来的主要扶持政策内容摘录见表 5-1。

表 5-1　2010—2017 年中央 1 号文件中关于农业机械化的扶持政策内容摘录

年份	内容摘录
2010	提高现代农业装备水平，促进农业发展方式转变。进一步增加农机具购置补贴，扩大补贴种类，把牧业、林业和抗旱、节水机械设备纳入补贴范围。推进农用工业技术改造。加快发展农业机械化，大力推广机械深松整地，支持秸秆还田、水稻育插秧等农机作业。创建国家现代农业示范区。
2011	大力发展节水灌溉，推广渠道防渗、管道输水、喷灌滴灌等技术，扩大节水、抗旱设备补贴范围。积极发展旱作农业，采用地膜覆盖、深松深耕、保护性耕作等技术。

（续）

年份	内容摘录
2012	充分发挥农业机械集成技术、节本增效、推动规模经营的重要作用，不断拓展农机作业领域，提高农机服务水平。着力解决水稻机插和玉米、油菜、甘蔗、棉花机收等突出难题，大力发展设施农业、畜牧水产养殖等机械设备，探索农业全程机械化生产模式。积极推广精量播种、化肥深施、保护性耕作等技术。加强农机关键零部件和重点产品研发，支持农机工业技术改造，提高产品适用性、便捷性、安全性。加大信贷支持力度，鼓励种养大户、农机大户、农机合作社购置大中型农机具。落实支持农业机械化发展的税费优惠政策，推动农机服务市场化和产业化。切实加强农机售后服务和农机安全监理工作。扩大农机具购置补贴规模和范围，进一步完善补贴机制和管理办法。加强设施农业装备与技术示范基地建设。
2013	落实好对种粮农民直接补贴、良种补贴政策，扩大农机具购置补贴规模，推进农机以旧换新试点。开展农作物制种、渔业、农机、农房保险和重点国有林区森林保险保费补贴试点。
2014	加大农机购置补贴力度，完善补贴办法，继续推进农机报废更新补贴试点。加快发展现代种业和农业机械化。培育推广一批高产、优质、抗逆、适应机械化生产的突破性新品种。加快推进大田作物生产全程机械化，主攻机插秧、机采棉、甘蔗机收等薄弱环节，实现作物品种、栽培技术和机械装备的集成配套。积极发展农机作业、维修、租赁等社会化服务，支持发展农机合作社等服务组织。大力推进机械化深松整地和秸秆还田等综合利用。
2015	加快农业科技创新，在生物育种、智能农业、农机装备、生态环保等领域取得重大突破。支持农机、化肥、农药企业技术创新。继续实施种粮农民直接补贴、良种补贴、农机具购置补贴、农资综合补贴等政策。选择部分地方开展改革试点，提高补贴的导向性和效能。完善农机具购置补贴政策，向主产区和新型农业经营主体倾斜，扩大节水灌溉设备购置补贴范围。抓好农业生产全程社会化服务机制创新试点，重点支持为农户提供代耕代收、统防统治、烘干储藏等服务。开展大型农机具融资租赁试点。完善对新型农业经营主体的金融服务。强化农村普惠金融。
2016	统筹协调各类农业科技资源，建设现代农业产业科技创新中心，实施农业科技创新重点专项和工程，重点突破生物育种、农机装备、智能农业、生态环保等领域关键技术。强化现代农业产业技术体系建设。加强农业转基因技术研发和监管，在确保安全的基础上慎重推广。加快研发高端农机装备及关键核心零部件，提升主要农作物生产全程机械化水平，推进林业装备现代化。全面推进良种重大科研联合攻关，培育和推广适应机械化生产、优质高产多抗广适新品种，加快主要粮食作物新一轮品种更新换代。坚持以农户家庭经营为基础，支持新型农业经营主体和新型农业服务主体成为建设现代农业的骨干力量，充分发挥多种形式适度规模经营在农业机械和科技成果应用、绿色发展、市场开拓等方面的引领功能。完善农机购置补贴政策。
2017	总结推广农业生产全程社会化服务试点经验，扶持培育农机作业、农田灌排、统防统治、烘干仓储等经营性服务组织。支持供销、邮政、农机等系统发挥为农服务综合平台作用，促进传统农资流通网点向现代农资综合服务商转型。加大实施种业自主创新重大工程和主要农作物良种联合攻关力度，加快适宜机械化生产、优质高产多抗广适新品种选育。加快研发适宜丘陵山区、设施农业、畜禽水产养殖的农机装备，提升农机核心零部件自主研发能力。完善农机购置补贴政策，加大对粮棉油糖和饲草料生产全程机械化所需机具的补贴力度。深入推进承包土地的经营权和农民住房财产权抵押贷款试点，探索开展大型农机具、农业生产设施抵押贷款业务。

2010 年出台的《国务院关于促进农业机械化和农机工业又好又快发展的意见》，明确了我国农业机械化发展的指导思想、基本原则和发展目标，提出了加快重点地区农业机械化进程、促进农机农艺协调发展、推进农机服务组织建设和社会化服务、加强农业机械化使用人才培养、加强农业机械化技术推广、强化农机安全使用监督管理等 6 项促进农业机械化发展的主要任务及相应的扶持措施。强调了地方各级人民政府和有关部门加快农业机械化发展的责任。充分体现了国务院高度重视农业机械化，对加快推进农业机械化和农机工业又好又快发展，实现中国特色农业现代化，具有十分重要的意义。

二、农机购置及作业补贴政策

（一）农机购置补贴政策

2004 年《中华人民共和国农业机械化促进法》（以下简称《促进法》）出台，这是我国首部专门规范农业机械化的法律。《促进法》围绕提高农业机械化水平和建设现代农业，在农机科研开发、质量保障、推广使用、社会化服务和扶持措施等方面做出了明确规定，在我国农业机械化发展史上具有里程碑的意义。《促进法》第二十七条指出："中央财政、省级财政应当分别安排专项资金，对农民和农业生产经营组织购买国家支持推广的先进适用的农业机械给予补贴"。自此以后，我国开始实施农机购置补贴政策。农机购置补贴政策作为党中央国务院强民惠农政策的主要内容，从 2004 年开始实施以来，中央财政的投入规模逐渐扩大，从 2004 年的 7 000 万元增长到 2016 年的 228 亿，13 年累计安排中央财政资金达到 1 663.07 亿元，带动地方和农民投入约 3 000 余亿元。补贴各类农机具达到 2 533 万台（套），受益农户 2 000 余万户，规模以上农机企业工业总产值年均增长超过 20%，取得"利农利工、提升产业、助民增收"等一举多得的效果。

2010 年以来，农机购置补贴政策从补贴方式、补贴标准、补贴机具种类、补贴对象和经销商等方面不断优化调整。

1. 补贴方式

2012 年以前，农机购置补贴实行差价购机模式，补贴对象经公示无异议后，获得补贴资格的农民可凭与县级农业机械化主管部门签订的购机协议到经销商处实现差价购机，即购机农民只需缴纳扣除补贴额后的差价款。补贴资金的兑现实行省级集中支付制，即经审核无误后，省级财政部门与企业结算补贴款。实行差价购机的原因在于：一是减轻农民的筹款难度，降低农民购机成本，调动农民购机、用机积极性。二是便于监管，防止一些不法人员套购、骗取补贴资金。由于当时补贴资金额度有限，全国范围尚不能保证每位申请购机的农民都能享受补贴，但保证每个申请购机的农民机会均等。在申请补贴人数超过计划指标时，符合以下条件的享有优先购机权：农民专业合作组织、农机大户、种粮大户、列入农业部科技入户工程中的科技示范户、"平安农机"示范户、报废农业机械、购置主机并同时购置配套农具的。

随着农民购机积极性不断提高，中央农机购置补贴资金规模不断扩大，2012年，为推进工作创新、堵塞漏洞、简化程序、提高效率，补贴资金结算继续开展层级下放，选择部分农业生产急需且有利于农机装备结构调整和布局优化的农机品目，开展在省域内满足所有农民申购需求补贴试点，同时选择部分市、县实行全价购机后凭发票领取补贴资金等试点。农业部、财政部批复同意河北、内蒙古、辽宁、吉林、江苏、浙江、山东、河南、湖南、广西、四川、甘肃、新疆、宁波等14个省（自治区、直辖市）开展相关试点工作。其中，江苏、浙江、湖南在全省范围内开展了"全价购机、县级结算、直补到卡"试点。该结算模式为：购机者全价购买补贴机具后凭发票向当地县级农业机械化主管部门提出补贴资金申请，经县级农业机械化主管部门核实无误后，再将材料报送给县级财政部门，再由财政部门将补贴资金直接发放到补贴对象的涉农补贴"一折通"中。

2015年，农机购置补贴政策全面实行"自主购机、定额补贴、县级结算、直补到卡（户）"。"定额补贴"即同一种类、同一档次的补贴机具，在全省实行统一的定额补贴标准。

2. 补贴标准

自2010年开始，中央财政农机购置补贴资金取消补贴产品最高销售限价，实行定额补贴，同一种类、同一档次农业机械在省域内实行统一补贴标准，不允许对省内外企业生产的同类产品实行差别对待。通用类农机产品补贴额由农业部统一确定，非通用类农机产品补贴额由各省（自治区、直辖市）、兵团、农垦自行确定。非通用类农机产品定额补贴不得超过本省（自治区、直辖市）近3年市场平均销售价格的30%，严禁以农机企业的报价作为测算补贴额的依据，汶川、玉树地震重灾区（县）、重点血防疫区补贴比例可提高到50%。一般单机补贴限额不超过5万元。

2011年，73.5千瓦以上大型拖拉机、高性能青饲料收获机、大型免耕播种机、挤奶机械、大型联合收割机、水稻大型浸种催芽程控设备、烘干机单机补贴限额可提高到12万元，大型棉花采摘机、甘蔗收获机、147千瓦以上拖拉机单机补贴额可提高到20万元。2012年，大型棉花采摘机单机补贴额提高到30万元。

2013年，农业部办公厅印发《2013年全国通用类农业机械中央财政资金最高补贴额一览表》，旨在积极引导农民购置高性能、大马力、复式作业农业机械。允许各省份将价格较低的机具不列入中央财政资金补贴范围，并适当提高大马力、高性能机械单机补贴额上限。允许各省份在不突破总体不超过30%补贴比例和中央财政最高补贴额的前提下，可将73.5千瓦以上大型拖拉机、高性能青饲料收获机、大型免耕播种机、大型联合收割机、水稻大型浸种催芽程控设备单机补贴限额提高到15万元；147千瓦以上拖拉机单机补贴限额提高到25万元；甘蔗收获机单机补贴限额提高到20万元，广西壮族自治区的补贴限额提高到25万元；大型棉花采摘机单机补贴限额提高到30万元，新疆维吾尔自治区和新疆生产建设兵团的补贴限额提高到40万元。

2015年，大型甘蔗收获机单机补贴限额进一步提高到40万元，大型棉花采摘机单机补贴限额提高到60万元。允许各省份农业机械化主管部门自主决定补贴限额的下调幅度。

3. 补贴机具种类

根据《促进法》和农机购置补贴政策有关规定要求，农业部根据全国农业发展需要和国家产业政策确定补贴机具种类范围，各省份结合本地实际情况，根据农业部确定的范围，确定具体补贴机具范围。各省份自选品目使用中央补贴资金量由各省份自行确定。从2010年起，取消对各地自选补贴品目使用中央补贴资金不高于15%的规定。在全国范围内对购机者年度内享受补贴的机具数量不做统一限制，由地方自行确定。

2012年全国补贴机具在总体稳定的基础上进行了适当微调，保持12个大类46个小类180个品目，新增养蜂专用平台和灌溉用过滤器，取消浅松机和手动卷膜机。各省份可以根据当地实际需求，额外增加不超过30个品目的机具列入中央财政资金补贴范围。2013年调整为12个大类48个小类175个品目。

2014年仍为12个大类48个小类175个品目，继续允许各省份额外增加不超过30个品目的机具列入中央资金补贴范围。同年，选择1个省份开展补贴产品市场化改革试点，即：在补贴机具种类范围内，除被明确取消补贴资格的农机产品外，符合条件的购机者选购国家或省级支持推广目录外的产品，也可申请补贴。提倡有条件的省份选择部分粮食生产耕、种、收及烘干等关键环节急需的机具敞开补贴，满足省域内所有农民的申购需求。因补贴资金规模所限当年未能享受到补贴的申购者，可在下一年度优先补贴。鉴于一些省份内各县补贴需求不同，不再强调省域内补贴种类范围保持一致，明确省级农业机械化主管部门可结合本省份实际，分区域确定补贴机具种类范围。

2015年补贴机具种类调整为11个大类43个小类137个品目，各省份在137个品目中选择部分品目作为本省份的中央财政资金补贴范围，提倡各地根据优势主导产业发展需要和补贴资金规模，选择部分关键环节机具实行敞开补贴。其他地方特色农业发展所需和小区域适用性强的机具,可列入地方各级财政安排资金的补贴范围,具体补贴机具品目和补贴标准由地方自定。2015 年继续选择个别省份开展补贴产品市场化改革试点。此外,为引导和鼓励农机生产企业加强研发创新,选择若干省份开展农机新产品中央财政资金购置补贴试点。

2016 年聚焦重点,推进敞开补贴。对于粮、棉、油、糖及饲草料等大宗作物生产机具、绿色环保机具等,做到应补尽补、敞开补贴。38 个地区中,13 个实现全部产品敞开补贴,其他地区部分重点产品实行敞开补贴。同年启动福建、浙江、湖南 3 个省农机新产品补贴试点。

4. 补贴对象和经销商

2013 年对补贴对象的确定进行了微调:一是将原来补贴对象中的"直接从事农机作业的农业生产经营组织"改为"从事农机作业的农业生产经营组织",删除"直接"两字。二是增加了"对每户农牧渔民、农场(林场)职工及每个农业生产经营组织年度内享受补贴购置农机具的台(套)数或享受补贴资金总额应设置上限,具体由各地结合实际自行确定。"

对于经销商:补贴机具经销商应具备资质条件并由农机生产企业自主提出,报省级农业机械化主管部门统一公布,供农民自主选择。2013 年《农业部办公厅关于进一步规范农机购置补贴产品经营行为的通知》中明确了经销商的资质条件和确定程序。2014 年,由农机生产企业自主设定经销商资质条件,自主确定补贴产品经销商,不再报省级农业机械化主管部门备案,已列入黑名单的经销企业和个人不允许经营补贴产品。2015 年开始,利用 3 年时间使补贴实际操作过程逐渐与经销商脱钩,补贴对象可自主选择补贴产品经销企业购机,也可通过企业直销等方式购机。

关于异地购机:2010 年以前,农民可以在省域范围内跨县自主购机。从 2010 年开始,农民可以跨县购买。

(二)农机深松整地作业补贴政策

国家高度重视农机深松整地作业。2009 年 10 月 12 日,国务院常务会议决定"实施土壤有机质提升和深松作业补贴"。同年 11 月,财政部印发《中央财政新增农资综合补贴资金集中用于粮食基础能力建设暂行管理办法》,将深松整地作业纳入新增农资综合补贴资金重点支持范围。2010 年中央 1 号文件提出"大力推广机械深松整地"。2010 年 7 月,《国务院关于促进农业机械化和农机工业又好又快发展的意见》要求在适宜地区实施深松整地作业补贴试点。2010 年,《农业部关于落实补贴资金推进农机深松整地作业的通知》中要求黑龙江、吉林、辽宁、山西、河北、内蒙古、天津等已经开展农机深松整地作业补贴的省份，要力争进一步增加补贴资金；江苏、安徽、山东、河南、广西、陕西、甘肃、新疆等适宜地区，要尽快启动和加快深松整地作业技术推广；2011 年全国农机深松整地作业任务应达到 988.67 万公顷。2010 年，《农业部办公厅关于切实做好农机深松整地作业实施工作的紧急通知》进一步强调要对农机深松整地作业进行适当补贴，并逐步建立健全资金监管机制。

2011 年，《全国农机深松整地作业实施规划（2011—2015 年）》（以下简称《规划》）发布，设立发展目标为："目前，我国适宜深松整地的耕地约为 7.2 亿亩。……到 2015 年，全国适宜地区的耕地全部深松一遍，年均深松整地面积达到 2.4 亿亩左右，然后进入'同一地块三年深松一次'的良性循环，五年全国累计实施农机深松整地作业面积 10.7 亿亩。"《规划》还指出："农机深松整地作业补贴标准应为当地农机深松整地作业价格的 30％～50％，且不低于农机深松整地作业与传统耕整地作业的价格差。还应根据柴油价格变化情况，每年对补贴标准进行动态调整。"

为进一步调动农民开展农机深松整地的积极性，2013 年《农业部办公厅关于开展农机深松整地作业补助试点工作的通知》决定在东北、黄淮海等适宜地区开展的秋季农机深松整地作业进行补助试点，补助资金在 2014 年全年中央财政农机购置补贴资金中统筹安排，并在《2014 年农业机械购置补贴实施指导意见》中予以明确。《2015—2017 年农业机械购置补贴实施指导意见》中规定："纳入《全国农机深松整地作业实施规划》的省份可结合实际，在农机购置补贴资金中安排补助资金（不超过补贴资金总量的 15％）用于在适宜地区实行农机深松整地作业补助。"《农业部办公厅关于做好 2014 年农机深松整地试点工作的通知》中明确当年启动 1 亿亩试点，《国务院办公厅关于加快转变农业发展方式的意见》中提出应适当扩大农机深松整地作业补助试点，《农业部关于贯彻国务院〈政府工作报告〉部署切实做好 2016 年农机深松整地工作的通知》中明确当年增加深松土地 1.5 亿亩。

2016 年，《全国农机深松整地作业实施规划（2016—2020 年）》发布，设立发展目标为："在适宜地区全面推广农机深松整地技术，'十三五'期间全国每年农机深松整地作业面积超过 1.5 亿亩，作业质量符合农业行业标准《深松机作业质量》（NY/T 2845—2015）。其中：2016 年全国规划实施农机深松整地 1.5 亿亩，2017 年全国规划实施农机深松整地 1.65 亿亩，2018、2019、2020 年全国规划实施农机深松整地均为 1.9 亿亩。力争到 2020 年，全国适宜的耕地全部深松一遍，然后进入深松适宜周期的良性循环。"同时，对东北一熟区、黄淮海两熟区、长城沿线风沙区、西北黄土高原区、西北绿洲农业区、南方旱田种植区、南方甘蔗区等 7 个类型区分别提出了详细的作业标准和机具选择指导。

三、农业机械化技术推广政策

2012 年,《中华人民共和国农业技术推广法》(以下简称《技术推广法》)颁布,旨在促使农业科技成果和实用技术尽快应用于农业生产,并提出农业技术推广实行国家农业技术推广机构与农业科研单位、有关学校、农民专业合作社、涉农企业、群众性科技组织、农民技术人员等相结合的推广体系。《技术推广法》第二条第六款规定:"本法所称农业技术包括农业机械化"。

为加快落实《技术推广法》,2013 年《农业部关于贯彻实施〈中华人民共和国农业技术推广法〉的意见》(以下简称《意见》),从健全国家农业技术推广机构、加强国家农业技术推广队伍建设、创新国家农业技术推广机构工作运行机制、促进多元化农业技术服务组织发展、加强农业技术推广与应用、落实农业技术推广保障措施、营造贯彻实施农业技术推广法的良好氛围等方面给出了具体翔实的实施指导意见。农业机械化作为一种先进的农业生产力,《意见》中规定:县级以上机构要突出农业机械化等重点专业的技术推广工作,科学设置"农业机械化技术推广机构",机构人员编制以种养方式、种类构成及农机保有量为依据。

《技术推广法》及其实施意见的出台,为促使农业机械化科研成果和实用技术加速,全面应用于农业生产提供了法律保障与政策支持。

四、土地流转政策

农村土地流转是在土地承包权不变的基础上,农民按照依法、自愿、有偿原则,以转包、出租、互换、转让、股份合作等形式流转土地经营权,把自己承包村集体的部分或全部土地,以一定的条件流转给第三方经营。土地流转是建设现代农业的基础性工作,只有使一部分农民的土地通过流转向另一部分农民集中,农业才会形成集约化、规模化经营,在一定程度上,没有土地流转就没有现代农业。农村土地流转的意义可以体现在以下几方面:第一,有利于防止土地抛荒。由于农村劳动力向非农产业转移,加之农田种植效益低下,导致一段时期中很多地方出现不同程度的耕地抛荒现象。通过土地流转,可以将连片的抛荒地集中由少部分人通过资金和技术投入来开发经营,既可以避免土地抛荒,又可以实现土地合理利用,增加农民收入。第二,有利于促进农业产业化、规模化生产。传统的一家一户分散经营模式,生产、产品都无法形成规模,在市场竞争中处于劣势。与此同时,一些有一技之长的种田能手有意愿扩大经营规模或经营项目,却缺乏土地,而另一部分从事非农产业的农户却无力或不愿再继续耕种土地。通过土地流转，有利于实现土地、劳力、资金、技术、信息等生产要素的优化配置和组合，有利于发展适度规模经营，促进农业结构的调整和优化，增强农产品的市场竞争力，提高农业经济效益。第三，有利于推动土地使用权进入市场。中央对土地二轮承包提出"明确所有权、稳定承包权、搞活使用权"，从而引出了耕地使用权转让市场。建立健全土地流转机制，使土地流转在规范有序中进行是规范这一新兴市场的前提。

2004年，国务院颁布《国务院关于深化改革严格土地管理的决定》，提出："在符合规划的前提下，村庄、集镇、建制镇中的农民集体所有建设用地使用权可以依法流转。"同时，广东、浙江、江苏、上海、安徽、天津等地开始了局部或区域试点，并发展出重庆农地入股、广东海南出租农地、北京郊区等地小产权房等模式。

2014年11月，中共中央办公厅、国务院办公厅印发《关于引导农村土地经营权有序流转发展农业适度规模经营的意见》，提出："坚持农村土地集体所有，实现所有权、承包权、经营权三权分置，引导土地经营权有序流转，坚持家庭经营的基础性地位，积极培育新型经营主体，发展多种形式的适度规模经营，巩固和完善农村基本经营制度。""鼓励承包农户依法采取转包、出租、互换、转让及入股等方式流转承包地。鼓励有条件的地方制定扶持政策，引导农户长期流转承包地并促进其转移就业。鼓励农民在自愿前提下采取互换并地方式解决承包地细碎化问题。"同时要求健全土地承包经营权登记制度，用5年左右时间基本完成土地承包经营权确权登记颁证工作。

2014年12月，《国务院办公厅关于引导农村产权流转交易市场健康发展的意见》指出：农户承包土地经营权、"四荒"使用权等属于农村产权流转交易市场的交易品种，进一步强调："各地要稳步推进农村集体产权制度改革，扎实做好土地承包经营权、集体建设用地使用权、农户宅基地使用权、林权等确权登记颁证工作。实行市场建设和运营财政补贴等优惠政策，通过采取购买社会化服务或公益性岗位等措施，支持充分利用现代信息技术建立农村产权流转交易和管理信息网络平台，完善服务功能和手段。"

2016年《农业部农村土地经营权流转交易市场运行规范（试行）》明确农村土地经营权流转交易市场的交易品种包括：（一）家庭承包方式取得的土地经营权，（二）其他承包方式取得的土地经营权，（三）集体经济组织未发包的土地经营权，（四）其他依法可流转交易的土地经营权。

2017年，《全国国土规划纲要（2016—2030年）》提出："贯彻区域发展总体战略和主体功能区战略，……对国土空间开发、资源环境保护、国土综合整治和保障体系建设等作出总体部署与统筹安排。"合法合规地实现农村土地流转，促使耕地规模适度集中有利于实现空间的合理规划，守住耕地"红线"。

五、农业机械化发展金融扶持政策

农村金融是我国金融体系的重要组成部分,是支持服务"三农"发展的重要力量。近年来,我国农村金融取得长足发展,初步形成了多层次、较完善的农村金融体系,服务覆盖面不断扩大,服务水平不断提高。但总体上看,农村金融仍是整个金融体系中最为薄弱的环节。为贯彻落实党的十八大、党的十八届三中全会精神和国务院的决策部署,积极顺应农业适度规模经营、城乡一体化发展等新情况新趋势新要求,进一步提升农村金融服务的能力和水平,实现农村金融与"三农"的共赢发展,国家相继出台了一系列政策文件和扶持措施。

在农机保险金融扶持方面,2012 年《国务院法制办就农业保险条例征求意见》中明确国家对符合条件的农业保险实施财政保费补贴政策,农业保险依法享受国家税收优惠,并鼓励地方各级人民政府采取保费补贴、经营费用补贴和再保险费用补贴等多种形式支持农业保险发展,鼓励金融机构对投保农业保险的农业生产组织和个人加大信贷支持力度。农机具等财产保险,涉及农民的生命和身体等方面的短期意外伤害保险与短期健康保险等属于涉农保险业务范围,参照适用本条例[《农业保险条例(征求意见稿)》第四十条]。2014 年《国务院办公厅关于金融服务"三农"发展的若干意见》和 2015 年《国务院关于印发推进普惠金融发展规划(2016—2020 年)的通知》中均提出应推广农房、农机具、设施农业、渔业、制种保险等业务,扩大农业保险覆盖面。《农业部关于推动金融支持和服务现代农业发展的通知》中提出要鼓励和支持渔业、农机互助合作保险。

在农业经营主体金融扶持方面,2014 年《中国人民银行关于做好家庭农场等新型农业经营主体金融服务的指导意见》提出:"切实加大对家庭农场等新型农业经营主体的信贷支持力度。……重点支持新型农业经营主体购买农业生产资料、购置农机具、受让土地承包经营权从事农田整理、农田水利、大棚等基础设施建设维修等农业生产用途,发展多种形式规模经营。"

在农机装备制造发展扶持方面,2014 年出台的《国务院办公厅关于金融服务"三农"发展的若干意见》《中国银监会、农业部关于金融支持农业规模化生产和集约化经营的指导意见》和《农业部关于推动金融支持和服务现代农业发展的通知》等文件中均明确提出应加大对农机装备制造项目的金融扶持力度。

在农机抵押担保、信贷、租赁等方面,2014 年《中国人民银行关于做好家庭农场等新型农业经营主体金融服务的指导意见》中提出:"对于种植粮食类新型农业经营主体,应重点开展农机具抵押……土地流转收益保证贷款等业务。……鼓励金融机构推出专门的农村土地承包经营权抵押贷款产品,配置足够的信贷资源，创新开展农村土地承包经营权抵押贷款业务。"2014年《中国银监会、农业部关于金融支持农业规模化生产和集约化经营的指导意见》提倡："大力发展涉农租赁业务，鼓励金融租赁公司将支持农业机械设备推广、促进农业现代化作为涉农业务重点发展领域，积极创新涉农租赁新产品。"《农业部关于推动金融支持和服务现代农业发展的通知》提出：推动农业机械设备、运输工具、水域滩涂养殖权、承包土地经营权等为标的的新型抵押担保。积极开展相关试点。鼓励各类融资租赁公司开展大型农业机械设备、设施的融资租赁服务。《国务院办公厅关于加快融资租赁业发展的指导意见》明确通过融资租赁方式获得农机的实际使用者可享受农机购置补贴。2015年，《国务院关于开展农村承包土地的经营权和农民住房财产权抵押贷款试点的指导意见》明确开展农村承包土地的经营权和农民住房财产权（以下统称"两权"）抵押贷款试点，推进农村金融产品和服务方式创新，并赋予"两权"抵押融资功能，建立抵押物处置机制，要求各地完善配套措施，加大扶持和协调配合力度。

六、地方农机服务产业扶持政策

2010年以来，在国家法律法规和中央宏观政策的带动下，部分地区也加紧出台了地方法规和一些扶持政策文件。全国31个省（自治区、直辖市）相继出台了《农业机械化条例》《农业机械管理条例》《农业机械事故处理办法》等地方法规。上海、福建、江西、河南、贵州、山西等地相继发布《关于加快农机工业又好又快发展的实施意见》。江苏、浙江、山西、湖南、甘肃等地分别就农机合作社发展、农机装备制造、农机作业环节补贴、农机保险报废补贴、农机报废补偿等方面出台了专门的扶持政策（表5-2）。

表5-2　地方农机服务产业扶持政策摘录

类　别	文　件　名
农机合作社发展	《山西省农机局、山西省财政厅、山西省国土资源厅、中国人民银行太原中心支行、中国银行监督管理委员会、山西监管局关于加快扶持农机专业合作社发展的意见》（晋农机管字〔2010〕1号） 《青海省农牧厅关于加快发展农机专业合作社的通知》（青农机〔2013〕102号） 《湖南省农业厅、湖南省财政厅关于支持现代农机合作社发展的实施意见》（湘农业联〔2014〕79号） 《农机专业合作社建设方案（2015—2020年）》（甘政办发〔2014〕114号） 《甘肃省农机专业合作社建设（2015—2020年）实施细则》（甘农机发〔2014〕127号）

（续）

类　别	文　件　名
农机装备制造	《黑龙江省加快发展新型农机装备制造产业实施方案》（黑政发〔2010〕46 号） 《甘肃省现代大型农机发展规划（2014—2020 年）》（甘政办发〔2014〕113 号）
农机作业 环节补贴	《山西省 2012 年柠条机械平茬作业补贴项目实施方案》（晋农机计字〔2012〕25 号） 《浙江省农业机械化作业环节补贴资金管理办法（试行）》（浙财农〔2012〕121 号） 《2012 年宁波市农机作业补贴实施意见》（甬农机管〔2012〕7 号、甬财政农〔2012〕208 号） 《山西省农机局、山西省财政厅关于印发〈2015 年中央现代农业玉米丰产方机收秸秆还田项目实施方案〉的通知》（晋农机财字〔2015〕38 号）
农机保险 报废补贴	《江苏省财政厅、江苏省农业机械管理局关于明确兼用型拖拉机、联合收割机驾驶人员意外伤害保险财政保费补贴政策等有关事项的通知》（苏财金〔2010〕27 号） 《江苏省农业机械综合保险条款费率（试行）》（苏农险办发〔2015〕8 号）
农机报废补偿	《浙江省高耗能农业机械报废补偿实施办法（试行）》（浙财农〔2011〕597 号） 《厦门市拖拉机报废补贴办法》（厦农〔2013〕8 号）

第六章

基 础 保 障

农机作业服务基础保障是为农机作业服务提供承载条件的系列设施的统称，在促进农业经济发展、提高农民收入和保障农业生产进度、推动规模经营发展方面发挥了重要作用。2016年农业部发布《农业科技创新能力条件建设规划（2016—2020年）》《农业生产安全保障体系建设规划（2016—2020年）》，明确要加大农机科研和农机安全生产基础设施建设投入。全国各地积极研究和创设"利当前，管长远"的政策措施，江苏、湖南设立全程机械化示范县奖补资金，调动地方政府抓农机、促全程的积极性。重庆在全市范围开展田块宜机化改造包干奖补试点，为破解丘陵山区农业机械化发展难题探索现实路径。吉林、山西、甘肃、陕西、云南、贵州、安徽等省份安排专项资金，重点扶持新型农机服务主体建设。据《中国农业机械化年鉴2017》数据显示，2016年全国农机作业服务基本建设投入32亿元。本章结合我国农机作业服务基础保障现状，根据全国26个省份的426份调研数据，从耕地平整度建设，机耕道路建设，农机场、库、棚建设，信息化支持能力4个方面探讨农机作业服务基础保障建设存在的问题，为进一步开展农机作业服务基础保障建设工作提供参考。

一、农机作业服务基础保障建设现状

（一）标准规范

1986年，中国农业出版社出版的《中国农业百科全书（水利卷）》给出了具体的旱作区、稻田区等平整土地设计方法、施工方法以及基准田选择原则。1990年，中国大百科全书出版社出版的《中国大百科全书（农业卷）》对农机场、库、棚建设选址，库房布局以及拖拉机库，农具库和油库的设置提出了明确要求。2012年，国土资源部印发了《高标准基本农田建设规范（试行）》（TD/T 1033—2012），对平整土地、机耕道路建设规划原则、机耕道路建设的基本要求、机耕道路建设技术规范标准提出了具体的要求。2016年农业部南京农业机械化研究所编制的《农机具停放场、库、棚建设标准》，对场、库、棚建设规模进行划分，对建设用地、总体规划和布局、建筑工程、附属设施等提出详细要求。这些标准规范的颁布推进了农机作业服务基础保障建设，通过平整深翻、改造坡地、铲高垫低、连片成方和加深土层等措施，便利灌溉、改良土壤、扩大耕地面积和适应机耕对农田的要求。因地制宜，科学指导，避免以低水平重复建设的思想开展机耕道路和农机场、库、棚建设，便于农业机械的停放和进出田间作业，以及日常农业生产物料和农产品的运输。

（二）建设现状

1. 耕地平整度建设

我国丘陵山区地貌占比大，"改地适机"是目前丘陵山区农业机械化发展的主要措施。2015 年起，重庆市基于多类型地貌开展可行性试验，利用财政资金引导规模经营业主开展耕地宜机化改造 4 000 公顷。试点工作取得了初步成功：第一，田地条件迅速改善，改造地块坡度变缓、作业死角减少、机械行进路线拉长。第二，田埂减少，增加了可用耕地面积。第三，探索出可复制的长效机制，一次性耕地宜机化改造地貌条件不恶劣的地块，用时 2 个月，成本约 30 000 元/公顷，摊到 10 年，每年 3 000～4 500 元/公顷，辅以适当补助，基本可做到"当期可承受，未来可持续"。

2016 年，重庆市以《高标准农田建设通则》为指导，坚持循序渐进、先易后难原则，推进 10°以下旱地缓坡化改造，20°以下旱地斜线式回环梯台改造；高差 1 米以下的零散地块消除田埂和死角，进行合并或调整，建设水平条田，调整土地利用布局，拉长机械作业线路（整理整治后的平均作业长度 100米，最短不低于 30 米）。共争取市财政资金 3 300 万元，在 24 个县试点开展丘陵机械化地块整理整治，完成地块整理整治 3 330 公顷。

平原地区地势低平，土地起伏不大，相对高度一般不超过 50 米，坡度在 5°以下，适宜耕地面积较大，地形条件好。由于地势相对低平、田块规模比较大、田块内部高差相差不大，所以适宜采用田块内部或区内局部平整的方法，以减少挖填方，使经济效益最优化。同时考虑规划标准田块的规模要满足机械化耕作的要求。从生态的角度上讲，平整工程和田块的布置要利用防风防沙、防涝排渍、保持水土来改善农田生产环境。为提高土地利用率，需要将细碎、小块、不规则的田块合并成相对规则的、适于机械耕作的、平整的田块。在田块单元内采用机械或者耕型平整，主要采用的平整方法是散点法。具体步骤是先获得田块单位内各点的平均高程，然后计算填挖方平均深度，最后计算填挖方面积。坑塘填土工程的实质是填方深度、面积的计算，做法同散点法的步骤。

2. 机耕道路建设

2004 年颁布施行的《中华人民共和国农业机械化促进法》第二十九条规定："地方各级人民政府应当采取措施加强农村机耕道路等农业机械化基础设施的建设和维护，为农业机械化创造条件。"这实质上是明确了地方各级人民政府在农村机耕道路建设中的主体责任。

近年来，农业部、财政部、国家发展和改革委员会等有关部门重视农村机耕道路建设工作，结合农业综合开发中低产田改造、全国新增 500 亿千克粮食生产能力规划田间工程、保护性耕作工程示范基地以及扶贫以工代赈等重大建设项目，按照田地平整、土壤肥沃、路渠配套的要求，将机耕道路作为高标准农田建设的内容之一，加大了支持力度，很大程度上缓解了农业机械通行压力。根据实际情况不断完善相关政策规定，加大投入力度，逐步提高补助标准，重点支持粮食主产区特别是产粮大县的农村机耕道路建设。督促地方政府有关部门按照《中华人民共和国农业机械化促进法》要求，加大地方财政投入规模，大力支持农村机耕道路建设，积极鼓励和支持地方深化机耕道路建设与管护机制改革，如积极探索政府对农民修建机耕道路给予奖励补助的"民办公助"投入模式，以加快推进粮食主产区尤其是产粮大县的机耕道路建设与管理工作。

3. 农机场、库、棚建设

近年来，在国家强农惠农政策的支持下，尤其是在农机购置补贴政策的激励下，涌现出了一大批农机大户和农机作业服务组织，众多联合收割机、拖拉机、插秧机等大型农业机械参与农业生产。农业机械的大量增加导致其存放矛盾越来越突出，农业机械库棚建设严重滞后影响农业机械化发展。农业机械作业时间短，大多数仅在三夏三秋农忙季节使用，1 年有近 10 个月时间闲置，存放时间长。大部分农机大户、农机服务合作组织、农机合作社机械较多，并且一些机械"体大身高"，致使原有农舍难以存放，只能"忍痛割爱"，将价值不菲的大型农机具露天存放，遭受风吹日晒，雨雪浸淋，自然损毁大，影响村容村貌，还存在被盗隐患。农业机械化管理部门结合新农村建设，以农机合作社为载体，进行了积极探索，但由于建设资金及征地难等问题，农机合作社库房建设难以开展。

目前仅黑龙江、江苏等少数地区出台了一些"建设方案"或"建设指南"等。2007 年，黑龙江省农业委员会提出《农业机械停放场区建设和保管技术规范》，规定了农业机械停放场区建设和农机具保管技术规范。黑龙江军川农场设置统一停放标准，各农具场都制作安装了农具场标志牌，做到农具场无杂草、无杂物、无积水。所有集中停放的农机具统一制作支架进行支垫，统一涂油，场内停放的拖拉机、收获机驾驶室采用窗帘封包，保证每台机具技术状态完好，无变形、无缺损，达到"五净、四不漏、六封闭、一完好"的标准。2008年，江苏省常熟市农业机械管理局与市国土资源局联合印发《关于加强农业机械存放场库用地管理的意见》，明确农机场库用地的原则、申请对象、申请条件、要求和标准、申请办理程序及手续、管理与监督要求等内容，为农机服务合作组织的发展壮大提供有利条件。2012年3月，张家港市农业委员会出台农机场库建设"六统一"规范，加强标准化农机场库建设管理，并联合市国土部门下发《关于公布全市新建农机场库规划点的通知》。

4. 信息化支持能力

农机信息化是运用现代信息化技术，深入开发和利用农业机械化信息资源，全面提高农业机械化管理、服务和经营效益水平。2017年，全国31个省级行政区中已有27个建立了省级农业机械化信息网。全国农业机械化系统70%以上的公文实现了电子流转。国家支持推广的农机产品目录申报系统上线运行后，审核一个省份申报目录产品的时间由过去的7~10天缩短为2~3天。"全国农机跨区作业服务直通车"每年发布和配对农机跨区作业供求信息数10万条。由农业部农业机械化管理司与福田雷沃重工股份有限公司建立的全国"三夏"跨区作业信息服务中心在"三夏"麦收作业期间每年受理用户来电12万多个，其中用户咨询信息8万多个、用户求援信息2.6万多个，同时呼出电话8万多个。信息化支持能力服务方向主要有以下两个方面。

①农业机械化政务管理与信息化融合发展。从2005年至今，已经建立了10多个全国性农业机械化业务管理系统，涵盖了农业机械化政务、推广鉴定、安全监理、统计、质量投诉、维修、职业技能鉴定、信息公开、宣传、信息服务等各个方面。1999年农业部农业机械化管理司委托农业部农业机械试验鉴定总站建设管理中国农业机械化信息网，2015年工作日平均点击量达到205万次，访问量稳居农业部各行业网站首位。2000年之后，地方农业机械化电子政务建设步伐加快，福建、陕西、河北、新疆、广东、江苏、吉林、浙江、辽宁、河南等10多个省份陆续建立了农业机械化政务信息网。广西、安徽、山东、吉林等地全部建立了对应的地、市网站。吉林省市、县两级农业机械化信息网建设实现全面覆盖。浙江、山东、上海、江苏等地农业机械化主管部门积极推进电子政务建设，以"一站式"服务为目标，努力实现网上政务公开、网上办公和网上监督。据不完全统计，我国农业机械化相关网站已经超过6 000余家。

②农业机械化生产管理与信息化融合发展。2005年起，农业部农业机械化管理司依托中国农业机械化信息网组建的全国性农业机械化生产信息管理服务平台——农机跨区作业服务直通车开始通过PC客户端为农机管理部门、农机服务组织、农机手、农户等主体提供小麦、水稻、玉米等作物的跨区机收作业信息查询与分布服务。2014年农业部农业机械化管理司组织开发农业机械

化生产服务管理信息服务系统。2006 年，农业部农业机械化管理司与福田雷沃重工股份有限公司联合建立全国"三夏"跨区作业信息服务中心，为跨区作业机手提供麦收进度、机具需求、作业价格、维修知识等一站式信息服务。湖北省构建了"农机通"短信平台，用于给指定农机户或群体发送农机作业相关短信；安徽省在全省推广使用"农机通——农业机械远程控制管理与农业机械化信息服务系统"，以农业信息服务和跨区作业应急调度为重点。

二、农机作业服务基础保障建设存在的问题及原因分析

为分析农机作业服务基础保障建设存在的问题，笔者面向县级农机主管部门进行了相关调研，共收回有效问卷 426 份。有效问卷分布在 26 个省份，其中以山地或丘陵为主要地貌特征的县 103 个，以平原为主要地貌特征的县 323 个。调研重点关注耕地平整度建设，机耕道路建设，农机场、库、棚建设和信息化支持能力 4 个方面。

（一）存在的问题

1. 耕地平整度建设不到位

调研数据显示，2016 年各县推进耕地平整工程建设。在整地方面，69.97％的平原县以长方形、正方形或梯形田块为主，30.03％的平原县以不规则田块为主。平原县的耕地长宽、田面高差情况如表 6-1 所示。从长度看，集中在 60～200 米；从宽度看，集中在 20～50 米。由此可见，平原县田块形状普遍规则，较为常见的规则耕作单元为 200 米×30 米和 300 米×45 米。因种植制度、方式等不同，田块宽度和规模地域间差异显著。在平地方面，53.86％的平原县田面高差在 3 厘米以下，符合一般机械作业的田面高差要求；31.89％的平原县田面高差处于 3～10 厘米，县域内坡耕地面积占到总耕地面积的20％～40％，多为山前冲积平原。

表 6-1　平原县的田块长宽及高差

田块尺寸	范围	占比
长度	<60 米	17.36％
	60～120 米	36.84％
	120～200 米	25.07％
	200～300 米	12.07％
	>300 米	8.66％

（续）

田块尺寸	范围	占比
	<20 米	26％
	20～40 米	33.43％
宽度	40～50 米	18.26％
	50～75 米	10.84％
	>75 米	11.46％
	<2.5 厘米	27.86％
	2.5～3 厘米	26％
高差	3～10 厘米	31.89％
	10～15 厘米	9.59％
	>15 厘米	4.66％

    27.55％的平原县农机工作者认为县内耕地的平整状况能够适应机械作业的要求，适应程度（满分为 10 分）均达到 8 分及以上。现阶段，平原县耕地平整不到位的具体情况如图 6-1 所示。其中，42.41％的田块形状不规则，30.96％的田块长宽不合理，24.15％的耕作层较薄。

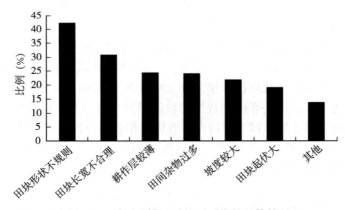

图 6-1　平原县耕地平整不到位的具体情况

    丘陵山地县耕地长宽、田面高差情况如表 6-2 所示。在整地方面，40.78％的县对田块形状进行了修整或修建了梯田，59.22％的县以坡耕地为主。可见，丘陵山地县规则、平坦耕地的拥有量不高，修整措施的实施效果不佳。丘陵山地县田块的长宽普遍偏小，41.74％的田块长度在 60 米以下，43.69％的田块宽度在 20 米以下。田块长度 200 米以上或宽度 75 米以上的 25.24％的县均位于西北地区。所以，除位于西北地区的丘陵山地县外，其常见的耕作单元小于

60 米×20 米，或在 60 米×30 米上下，远小于平原县的水平。在平地方面，仅有 37.87%的丘陵山地县田面高差在 3 厘米以下，主要为原本拥有平坦耕地的县和已修筑梯田的县；坡耕地面积占总耕地面积 50%以上的县占比为 59.22%，其中有 37.87%的县田面高差控制在 3 厘米以下，均为已修筑梯田的县。

表 6-2 丘陵山地县的田块形状、长宽及高差

田块尺寸	范围	占比
形状	规则	0%
	不规则	0%
	梯田	40.78%
	坡耕地	59.22%
长度	<60 米	41.74%
	60～120 米	33.98%
	120～200 米	11.66%
	200～300 米	8.74%
	>300 米	3.88%
宽度	<20 米	43.69%
	20～40 米	31.07%
	40～50 米	12.62%
	50～75 米	4.85%
	>75 米	7.77%
高差	<2.5 厘米	18.45%
	2.5～3 厘米	19.42%
	3～10 厘米	31.06%
	10～15 厘米	11.65%
	>15 厘米	19.42%

33.98%的丘陵山地县农机工作者认为现有耕地平整状况能够基本适应机械作业，全部为拥有平坦耕地资源的县；另外 8.74%的农机工作者均认为县内耕地平整状况难以适应机械作业，适应程度（满分为 10 分）均在 5 分以下，其中包括 3 个已修筑梯田的县。现阶段，丘陵山地县耕地平整不到位的较多，具体情况如图 6-2 所示。其中，60.19%的农机工作者认为坡度过大，48.54%的农机工作者认为田块起伏大，61.17%的农机工作者认为田块形状不规则，51.46%的农机工作者认为田块长宽不合理，从而影响农用机械的使用类型、数量及质量，影响农作物的生产状况。

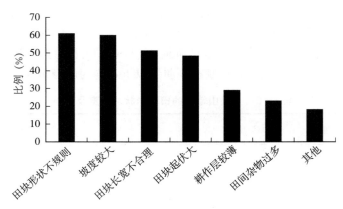

图 6-2　丘陵山地县耕地平整不到位的具体情况

调研数据显示：各地农机的数量、类型等大幅增加，但作业服务保障不力，土地平整情况不理想。平原县目前耕地平整的不足之处主要是田块耕作层较薄，影响农作物生产；其次是部分地区田块长宽比不合理，机械作业难度高。丘陵山地县不合理的田块长宽、高差、形状以及耕作层质量都是亟待解决的问题，即使在已修筑梯田的县域，不合理的长宽比也在制约机械化作业的发展。

2. 机耕道路建设不到位

机耕道路是指能供农业机械通行的道路，既包括与乡、村公路连接的机耕干道，也包括能够供农机下田的机耕支道，调研对象中，只有 0.93% 的平原县和 12.62% 的丘陵山地县在 2016 年开展了机耕道路建设工程。

平原县机耕道路的干道宽度、支道宽度、路面类型由表 6-3 所示。本次调研中的机耕道路的干道宽度宜为 2～6 米，支道宽度不宜超过 1.5 米，在大型机械化作业区，干道宽度可适当放宽。从表 6-3 可见，平原县机耕道路的干道宽度大部分符合标准要求，但有 8.67% 的平原县机耕道的干道宽度较窄，限制大型农机具的使用，有 1.55% 的县干道宽度过宽，可能占用过多耕地面积，4.64% 的县支道宽度较窄。平原区各县的路面硬化情况普遍不佳，有 63.46% 平原县的机耕道路面以砂石、泥土为主，严重影响农机具的使用。

59.13% 的平原县机耕道路均由政府财政支持建设，当地农机工作者普遍认为现有机耕道路基本能够满足机械作业需要，但适应程度（满分为 10 分）多数介于 6～8 分，仍有较大改进空间。现阶段建设不到位之处的具体情况如图 6-3 所示。其中，47.99% 的农机工作者认为路面质地差，影响农机具的行走通过，有 62.54% 的农机工作者认为道路缺乏养护，在修完机耕道路后，农机具行走超载超重，影响道路承载能力，也导致了路面条件差。

表 6-3　平原县的机耕道路宽度与路面类型

机耕道路	范围	占比
干道宽度	<2 米	8.67％
	2～4 米	63.47％
	4～6 米	22.91％
	6～8 米	3.41％
	>8 米	1.55％
支道宽度	<1.5 米	4.64％
	1.5～2 米	41.18％
	2～3 米	35.29％
	3～4 米	15.48％
	>4 米	3.41％
路面类型	沥青	4.33％
	混凝土（水泥）	31.27％
	砂石	27.86％
	泥土	35.6％
	其他	0.93％

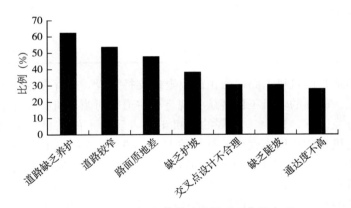

图 6-3　平原县机耕道路建设不到位的方面

丘陵山地县机耕道路的干道宽度、支道宽度、路面类型如表 6-4 所示。73.79％的县机耕道路的干道宽度达标且处于 2～4 米的区间，同时，既存在过窄的情况，干道宽度小于 2 米的占 7.77％，也存在过宽的情况，干道宽度 4 米以上的占 18.44％，较为复杂。可能原因是，机耕道路建设多数依托于"村村通"公路建设项目等，兼顾多种通行需要。85.43％的县机耕道路的支道宽度处于 3 米以下，其中 2 米以下的占比 51.45%。各县的路面硬化情况不佳，69.9% 的县为砂石或泥土路面。

表 6-4　丘陵山地县的机耕道路宽度与路面类型

机耕道路	范围	占比
干道宽度	<2 米	7.77%
	2~4 米	73.79%
	4~6 米	14.56%
	6~8 米	0.97%
	>8 米	2.91%
支道宽度	<1.5 米	4.85%
	1.5~2 米	46.60%
	2~3 米	33.98%
	3~4 米	14.56%
	>4 米	0%
路面类型	沥青	1.94%
	混凝土（水泥）	27.18%
	砂石	22.33%
	泥土	47.57%
	其他	0.97%

　　丘陵山地县的机耕道路多数由政府财政支持建设，也存在企业捐修或多方共建的情况。87% 的农机工作者认为现有机耕道路对当地机械作业需求的适应程度在 7 分及以下，其中 3.88% 的农机工作者认为不能满足当地需求。农机工作者认为机耕道建设不到位的具体情况如图 6-4 所示，绝大多数为交叉问题，其中 69.9% 的农机工作者提出道路缺乏养护，其次为道路较窄，影响农机具转向行走等。地面主要为泥土及砂石，影响农机具的通过性，在丘陵山地地区，缺乏护坡、排水沟等设施会造成山体滑坡，淹没道路等问题。

　　调研数据显示：平原县机耕道路建设不足之处最主要的是道路缺乏养护，其次是部分地区道路尚不能完全满足大型农机的通行，再次是建设尚不完善，路面质地差，缺乏部分排水及防灾设施。丘陵山地县存在的机耕道路建设问题远多于平原县，但最为普遍的问题与平原县类似，即道路缺乏养护和护坡、排水等设施，其次是机耕道路宽度不够及路面质地不佳，再次是机耕道路布局不合理，通达度不高。

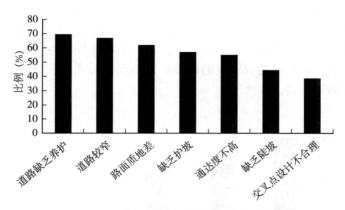

图 6-4 丘陵县机耕道路建设不到位的具体情况

3. 农机场、库、棚建设不到位

农机场、库、棚是农机存放的主要场所，是农业机械正常发挥作用的重要基础设施条件。调研对象中，1.55%的平原县和8.74%的丘陵山地县在2016年推进了农机场、库、棚建设。

拥有农机场、库、棚的农机户占总户数的比例处于10%～30%的平原县较为普遍，仅有16%的平原县此项比例达到70%以上。平原县农机场、库、棚的建设主体不同于机耕道路，多数由农机合作社、农机大户或两者联合修建，不由政府出资。现阶段，各平原县农机场、库、棚的主要用途如图6-5所示，最普遍的用途是停放机具、车辆，为农机具提供保养、维护和检修场所，以及存放零配件。缺少机具试验和培训农机手等其他配套服务。

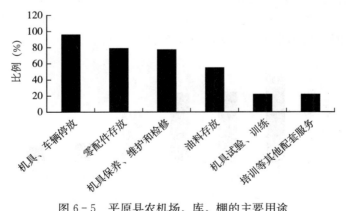

图 6-5 平原县农机场、库、棚的主要用途

平原县农机场、库、棚具体建设不到位的情况见图 6-6。35.6%的农机工作者认为当地农机场、库、棚建设基本到位，46.44%的农机工作者认为农

机场、库、棚建设仅能满足部分需求，适应程度（满分为 10 分）得分在 7 分及以下的占总数的 82.04%，其中，建造率整体偏低，尤为不到位，其次是库、棚功能单一，不能进行多元化操作，再次是建造规格不合适，不能按照标准建造，影响外来操作的农机具的修整，影响操作效率。同时，农户对于库、棚的使用率尚需提高。

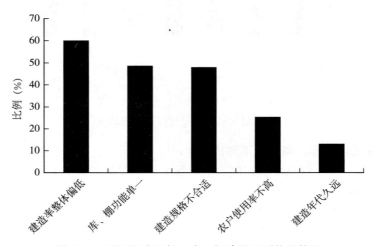

图 6-6 平原县农机场、库、棚建设不到位的情况

拥有农机场、库、棚的农机户占总户数的比例处于 10%～30% 的丘陵山地县，占比为 51.46%，仅有 5.83% 的丘陵山地县此比例达到 70% 以上。农机场、库、棚的建设主体最主要是农机合作社和农机大户，其次是零散农户自建，最后才是政府出资。现阶段，各县农机场、库、棚的主要用途如图 6-7 所示，最为普遍的用途有停放机具、车辆，为机具提供保养、维护和检修的场所，以及存放零配件和油料。

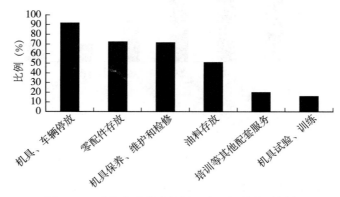

图 6-7 丘陵山地县农机场、库、棚的主要用途

丘陵山地县农机场、库、棚建设不到位的情况见图 6－8。16.5％的农机工作者认为当地的农机场、库、棚建设基本到位，49.5％的农机工作者认为场、库、棚建设仅能满足部分需求，33.98％的农机工作者认为完全不到位，认为适应程度得分在 7 分及以下的（满分为 10 分）占比 93.2％。66.99％的农机工作者认为建造率整体偏低，60.19％的农机工作者认为功能单一，42.72％的农机工作者认为建造规格不合适为主要缺陷。

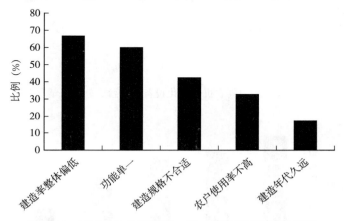

图 6－8　丘陵山地县农机场、库、棚建设不到位的情况

调研数据显示：平原县与丘陵山地县的农机场、库、棚建设现状和存在问题较为类似，功能单一，数量不足，不能满足现实需要；同时建好的农机场、库、棚规格无法适应多种类型的农机或更新的农机，以及农户使用场、库、棚等设施的意识不足。

4. 信息化支持能力落后

调研对象中，91.33％的平原县和 83.50％的丘陵山地县在 2016 年推进了农机信息化建设。

平原县已有的农机信息化设备（平台、软件）及其用途如图 6－9、图 6－10所示。目前最主要的信息化支持来源于信息网、智能监控（监测）设备、新媒体平台、短信服务平台、专项办公管理系统等，该类设备（平台、软件）主要用于农机技术推广、作业信息采集和统计、信息资料的传播以及提升作业服务质量。其中，仅仅有 30.65％的平原县推进了智能化农机，严重影响农机信息化能力。

在调查平原县农机信息化发展状况时，绝大多数农机工作者认为当地的农机信息化建设到位或基本到位，但认为到位程度得分（满分为 10 分）在 7 分及以下的占比 71.8％，可见信息化建设的发展空间仍然巨大，具体表现如图 6－11。

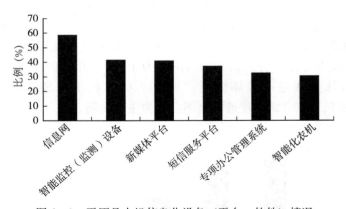

图 6-9　平原县农机信息化设备（平台、软件）情况

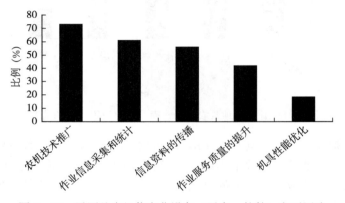

图 6-10　平原县农机信息化设备（平台、软件）主要用途

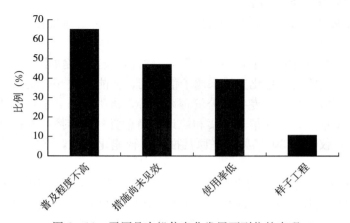

图 6-11　平原县农机信息化发展不到位的表现

有 16.5％的丘陵山地县不存在任何信息化支持设备，其余已有的农机信息化设备（平台、软件）及其用途如图 6-12、图 6-13 所示。目前最主要的信息化支持来源于农业机械信息网、短信服务平台和新媒体平台，专项办公管理系统、智能监控（监测）设备以及智能化农机的应用程度相对低。已有的设备（平台、软件）在农机技术推广、作业信息采集和统计、信息资料的传播、机具性能优化、提升农机作业服务质量方面均发挥了重要作用，其中急需提高智能化农机装备水平。

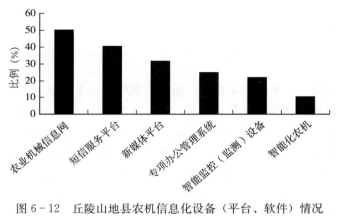

图 6-12　丘陵山地县农机信息化设备（平台、软件）情况

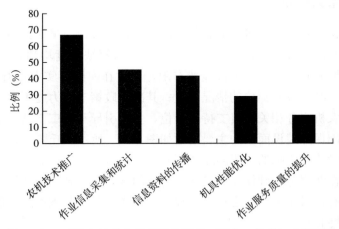

图 6-13　丘陵山地县农机信息化设备（平台、软件）主要用途

25.24％的丘陵山地县农机信息化建设到位或基本到位，33.98％的丘陵山地县农机信息化建设完全不到位，认为到位程度得分（满分为 10 分）在 7 分及以下的占比达 88％。发展不到位的表现如图 6-14。

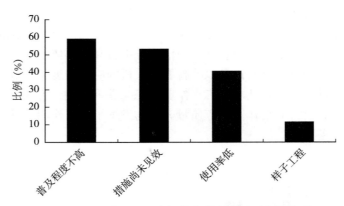

图 6-14　丘陵山地县农机信息化发展不到位的表现

调研数据显示：平原县与丘陵山地县农机信息化支持能力不足主要体现较类似，表现在相关设备的操作难度高，普及程度不高，使用率偏低；其次是整体建设刚刚起步，加之宣传力度不够，所以未见成效。平原县均对信息化支持能力的后期建设抱有期望，普遍关注的重点在各级农业机械信息网站的建设完善，以及未来智能农机的应用与普及。丘陵山区县对农业机械信息网站、新媒体平台、项目智能监控（监测）的推广、专项管理办公系统的便捷化、智能农机的应用等各方面均表现出浓厚兴趣。

（二）原因分析

调研数据显示，在农机作业服务基础保障建设方面，平原县与丘陵山地县的问题较为类似，最主要的问题为资金短缺，其短缺程度均超过 89%。当前发展资金主要靠政府拨款，不仅经费有限，而且在实际落实上也有部分欠款，导致基础设施减少或不到位的情况发生；其次为政策支持力度不够，政府立项较少，对于农机服务相关项目支持不到位，主动引导和推广不够。平原县农机作业服务基础保障建设面临的主要问题如图 6-15 所示，丘陵山地县农机作业服务基础保障建设面临的主要问题如图 6-16 所示。

①农机作业服务基础保障建设缺乏统一的规划。基础设施建设方面的配套法律法规没有及时跟进，缺乏科学合理的农机作业服务基础保障建设规划，难以显现稳定性和长效性。

②投入机制不完善。农机作业服务基础保障设施建设耗资较大，农机服务组织资金自筹能力有限，贷款难度比较大。政府扶持政策单一，扶持资金支持不足或持续性不够，不利于农机作业服务基础保障设施配套建设。

③政府重视程度尚待提高。现阶段，我国农业农村部已经制定了一系列的

农机服务扶持政策，但是各地区政府的执行情况不容乐观。农机服务产业刚起步，层次较低、规模偏小、抗风险能力低，且多数经营手段单一，效益不够显著，部分地方政府对发展农机服务基础设施的重要性认识不够，主动引导和投入不够。

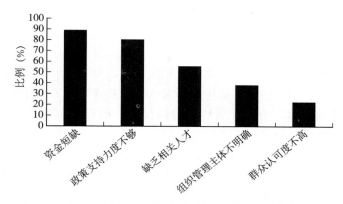

图 6-15　平原县农机作业服务基础保障建设面临的主要问题

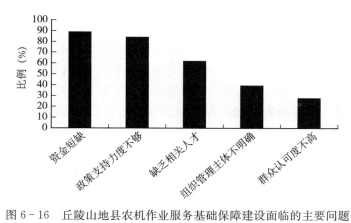

图 6-16　丘陵山地县农机作业服务基础保障建设面临的主要问题

三、农机作业服务基础保障建设的建议

（一）建立基础设施与农机作业服务协同发展机制

1. 进一步完善相关标准、规范和法规体系

颁布农机作业服务基础保障建设实施标准等，突出基础保障建设的重要性；明确负责的组织机构、建设主体，制定农机作业服务基础保障建设实施方案，加强对农机作业服务基础保障建设的扶持、引导以及管理。

2. 构建良性发展机制

农机作业服务体系能力建设与基础设施协同发展机制就是在满足农业机械化事业科学发展需要的前提下，农机作业服务能力与基础设施建设发展的支撑能力在一定程度上实现动态平衡、协同发展。基础设施建设的速率和程度大于或等于能力建设的速率和程度，基础设施的承载能力足以支撑服务能力并保持协同增长的发展运行机制。

3. 强化行政推动

以各省份人民政府办公厅名义印发相关文件，明确要求各地人民政府成立以分管市长、县长牵头的领导机构，将农机作业基础保障工作完成情况纳入政府工作绩效考核内容。组织开展机具检修保养、信息采集发布、技术宣传培训、物资保障供应和安全生产检查等管理、保障、服务工作，确保各项农业机械化生产工作有序开展。贯彻农业农村部关于主要农作物生产全程机械化推进行动实施意见的要求，结合重点农时，从机具检修、物资储备、信息引导和机手培训等方面抓好各项服务保障措施，精心组织做好农业机械化生产工作。

（二）加大基础设施建设的资金支持

1. 加大政府投入

政府方面应加大对农机作业服务基础设施建设的资金投入，筹划建立专项基金，发挥政府在基础设施建设中的重要作用，加大对基础设施建设的财政性资金支持。抓主体培育，实施各级财政补助政策。重点扶持农机合作社等新型经营服务主体，从省级农机公共服务能力与体系建设专项中拿出资金，采取"公开招标立项"和"以奖代补"的形式，扶持农机合作社和农机维修网点建设。争取有关部门支持，整合项目资金支持开展耕地平整、农机场库棚、机耕道路和信息化支持建设，建设农业机械化新技术新机具集成的试验田、全程机械化新模式的展示场和新型农民的训练营。

2. 积极探索和完善农机作业服务基础设施建设投融资机制

建立多元参与机制，通过规划带动、项目引导和政策激励，发挥主体作用，引导农民投入，充分调动农民投资建设可直接受益的积极性。吸引社会投入，积极引入社会资本，运用市场机制，充分发挥资源优势，为相关建设提供金融支持。

（三）完善农机作业服务信息平台

1. 建立健全农机作业服务的软硬件设施

积极引进先进、接受程度高的信息化手段，包括农业机械化信息网站、新媒体平台等，方便作业信息的采集、处理、发布以及交流。农机作业服务信息平台处于起步阶段，需要进一步健全信息化工作机制，进一步完善激励机制，切实提高农业机械化信息宣传工作的地位。同时，加强对信息人员的业务培训，包括农机经纪人、农机大户、农机服务组织以及农机中介服务组织等，对其进行信息化业务知识培训，不断提高信息人员队伍素质。农机信息化组织机构进一步健全，信息化队伍进一步加强，为全面提升信息化工作水平，增强信息化服务功能，提供有力的组织保证。

2. 推进互联网＋农机平台建设

组织开展农业机械化生产物联网指挥调度和监控平台软、硬件建设，安装调试农业机械化信息管理可视监控系统，实现实时监控驾驶员考核、农业机械化培训教学、农机购置补贴操作等功能。积极融入互联网＋现代农业行动计划，推动物联网、大数据等信息技术与农业机械化融合。建立农机综合管理的服务平台，实现信息资源、智力资源和技术资源共享。启动"农机直通车·全国农业机械化生产信息服务平台"，推广应用年活动，开展专项培训，在县级农机主管部门、农机合作社以及种植户、作业经纪人、合作社、农机手多个层面，大力推广使用"农机直通车"手机 APP 系统。推广"农机直通车"互联互通"精准作业系统"，实现互联网＋农机装备系统对精准作业机群进行精准控制，提升农机部门和合作社管理手段。用好财政农机大数据研发资金，开发农机智能终端、农业机械推广鉴定企业申报管理、推广鉴定信息查询系统、农机维修管理平台、农机新技术推广使用管理系统等，提升管理手段，适应农业现代化发展需求。

第七章

新 业 态 与 新 趋 势

一、农用无人机植保服务业

（一）发展无人机植保的意义

植保无人机，即用于农林植物保护作业的无人驾驶飞机，由飞行平台（固定翼、单旋翼、多旋翼）、全球定位系统（GPS）飞控、喷洒机构三部分组成，通过地面遥控或 GPS 飞控，来实现喷洒作业，可以喷洒药剂、种子、粉剂等[4]。

当前我国农业生产中，植保仍以手工、半机械化为主。我国目前使用的植保机械以手动和小型机（电）动喷雾机为主，其中，手动施药药械、背负式机动药械分别占国内植保机械保有量的 93.10% 和 5.50%，拖拉机悬挂式药械占 0.60%，植保无人机占 0.80%（图 7-1、图 7-2）。植保作业投入的劳力多、劳动强度大，施药人员中毒事件时有发生。据报道，广东省部分地区每天 200 元已请不到人工施药的人员。目前国内农药用量越来越大，作业成本高且浪费

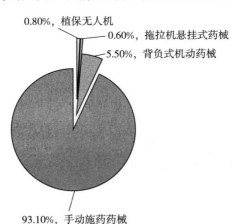

图 7-1　2016 年农业植保机械分布情况

数据来源：新思界产业研究中心

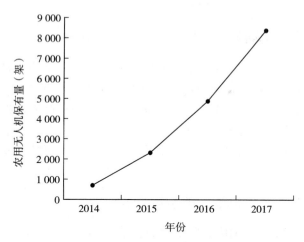

图 7 - 2　2014—2017 年农用无人机保有量
数据来源：新思界产业研究中心

严重，作物产量和质量难以得到保障，同时带来严重的环境污染、农产品品质下降等问题，无法适应现代农业发展的要求。据统计，每年因防治不及时，病虫害造成的粮食作物产量损失达 10％以上[5]。

无人机植保作业速度快、突击能力强、防控效果好，飞机飞行产生的下降气流吹动叶片，使叶片正反面均能着药，防治效果相比人工与机械提高 15％～35％，应对突发、爆发性病虫害的防控效果好；不受作物长势的限制，可解决作物生长中后期因作物过高过密导致地面机械难以下田作业的问题，尤其在丘陵山区交通不便、人烟稀少、水田或内涝严重的地区，地面机械难以进入作业，航空作业可以很好地解决这一难题。此外，与田间作业相比，飞机航空作业还有用工少、作业成本低、不会损伤作物、不破坏土壤物理结构、不影响作物后期生长等特点。据统计报道，飞机航空作业与地面机械作业相比，每公顷可减少作物损伤及其他支出（油料、用水、用工、维修、折旧等）约 105 元。

与中国农业耕地状况相似的日本无人机植保已有近 30 年历史。2012 年，日本大概有 3 000 多架植保无人机，其中，约 40％的农田植保防治由无人机完成，而水稻田的无人机植保作业比例较高，约 60％的水稻田植保防治由无人机完成[6]。2016 年我国主要农作物播种面积 166 649.5 千公顷，农用飞机总作业面积为 2 746.8 千公顷，不计算相同土地多次作业，农用飞机作业率仅为 1.65％，其中无人机植保作业率更低。受到地形的限制，丘陵山区并不适宜拖拉机悬挂式药械等大型植保机具作业，这就给无人机植保留下了很好的空间。在湖南等地，无人机植保作业服务费用约 1 元/公顷，由于高效价廉，颇受农民欢迎，甚至出现供不应求的现象[7]。丘陵山区约占中国国土面积的43%，未来随着农业劳动力的减少，该地区无人机植保的市场空间将会相当可观。

作为现代农业的重要组成部分和反映农业现代化水平的重要标志之一，农业航空特别是无人机植保在中国现代农业发展中具有重要意义。应用无人机植保在提高中国植保机械化水平，实行统防统治的专业化服务，提高农业资源的利用率，增强突发性大面积病虫害防控能力，缓解农村劳动力短缺，增强农业抗风险能力，保障国家粮食安全、生态安全，实现农业可持续发展等方面具有十分积极的作用。

（二）国内外无人机植保的发展历程

1. 航空植保的诞生与国外无人机植保的发展

1911年，德国林务官阿尔福莱德·齐梅尔曼在世界上首次利用有人驾驶的飞机喷洒液体和粉末农药，以防治森林病虫害。1918年，美国第一次使用有人驾驶飞机喷施农药灭杀棉花虫害。自此，有人驾驶的航空施药拉开了历史序幕。

从全球来看，航空施药装备与技术的发展得益于高效农药的创制生产及应用和发展，20世纪40年代中期至今，农药进入有机合成高速发展的时期。20世纪60年代末期，有机农药向高效化方向发展，人们越来越重视农药对生态环境的影响与农药残留导致的农产品安全问题并强化对农药的全程管理。这一时期，除草剂出现了多种活性高、对作物有选择性但高毒、高残留的品种，采用航空施药会因农药雾滴极易飘移而污染非靶标作物、水源和土壤。20世纪60～70年代，欧洲农业发达国家逐步形成大型农场专业化生产方式，建立以大型地面植保机械和有人驾驶的航空植保为主体的防治体系。至20世纪80年代中后期，由于航空施药，农药雾滴飘移导致的环境污染和农药药害问题，欧盟决定在欧盟国家内部禁止使用航空施药，至今只允许地面机械按欧盟标准进行农药喷洒作业。

美国是农业航空应用技术最成熟的国家之一，已形成较完善的农业航空产业体系、政策法规以及大规模的运行模式。美国超大规模农场的规模化种植和同种作物连片种植的方式，决定了有人驾驶的农业航空主要使用作业效率较高的大型固定翼飞机和载人直升机。美国政府也一直担忧植保无人机施药产生的农药雾滴飘移污染，尚未立法规定允许无人机从事农药喷洒作业。据统计，美国农业航空对农业的直接贡献率为15%以上，40%以上的耕地采用航空植保，65%的化学农药采用飞机作业完成喷洒，其中水稻施药100%采用航空作业。

在亚洲，日本农民户均耕地面积较小，地形多山，不适合有人驾驶大型固定翼飞机作业，因此日本农业航空以直升机为主。日本是最早将小型单旋翼植保无人机用于农业生产的国家之一，20 世纪 70 年代日本农村劳动力开始快速流失，加快了植保无人机的研发。1985 年，日本山叶公司推出世界第一架用于喷洒农药的植保无人机"R50"，挂载 5 千克药箱。此后，小型单旋翼植保无人机在日本农林业方面的应用发展迅速，无人机旋翼和发动机转速被大大降低以适应农业植保作业的要求，无人机施药技术不断改进，施药雾滴分布均匀性降低到 30％以下。从 2005 年开始，日本水稻生产中小型单旋翼植保无人机使用量已超过载人直升机，采用小型单旋翼植保无人机已经成为日本农业植保发展的趋势。

2. 我国无人机植保的发展历程

我国的农用航空始于 20 世纪 50 年代初，运用的机型主要为固定翼有人驾驶机型。20 世纪 90 年代专为超轻型飞机配套设计的 3WQF 型农药喷洒设备，可广泛用于大田农作物的病虫害防治、化学除草、草原灭蝗、森林害虫防治等。

"十一五"以来，中国植保无人机与低空低量航空施药技术发展迅速。早在 2000 年，北京某公司从日本陆续进口了 6 架日本雅马哈 R50 型植保无人机用于农药喷洒，迈出了中国农业服务公司应用植保无人机的第一步。

2008 年，国家"863"计划项目"水田超低空低量施药技术研究与装备创制"正式启动实施，标志着国内科研机构正式开始探索植保无人机航空施药技术与装备的研发。同年，中国开始了低空低量遥控多旋翼无人施药机的研发工作。

2010 年，世界上第一款多旋翼电动植保无人机在中国研制成功。同年，中国开始了低空低量遥控电动单旋翼植保无人机的研发。

2012 年，中国第一款电动单旋翼植保无人机研制成功。至此，中国植保无人机已成类成型，按结构主要分为单旋翼和多旋翼两种，按动力系统可以分为电池动力与燃油动力两种，种类达 10 多种。

2012 年起，植保无人机的应用推广在中国拉开序幕，2012 年 4 月，全国首场低空航空施药技术现场观摩暨研讨会在北京市召开，低空低量航空施药技术研究开始在中国逐渐成为热点。

2012—2013 年，由农业部国际合作司发起了为期 2 年的中日韩植保无人机国际合作研究项目"植保无人机水稻低空施药技术研究"，促进了植保无人机施药技术的进一步发展。

2013 年起，根据中国农业大学、华南农业大学对无人机植保作业的评测结果，农业部开始在全国范围内推广植保无人机低空低量航空施药技术。

2014 年 5 月 25 日，"中国农用航空产业创新联盟"成立。无人机植保在我国的推广应用步入了快速发展的轨道。

2016 年，中国首个植保无人机标准——江西省地方标准《植保无人机》（DB 36/T 930—2016）出台，标志着中国无人机植保步入有规可依的高速发展阶段。数据显示（图 7-2），截至 2016 年 6 月，农用无人机的保有量已经达到了 4 890 架，总作业面积累计超过 133.3 万公顷。而在 2015 年 12 月，全国植保无人机保有量为 2 324 架，总作业面积累计达 76.9 万公顷，2014 年这两个数据分别是 695 架和 28.4 万公顷。按每次每公顷收取 150～300 元服务费计算，无人机植保服务费已有数亿元[8]。

（三）我国无人机植保的典型模式

1. 按无人机植保服务供给方式进行分类

从无人机植保服务供给方式的角度可将无人机植保的经营模式分为 4 类：直营加盟模式、合资"7S"店模式、网点租赁模式、直接整机出售模式[9]。

（1）直营加盟模式。

直营模式是无人机生产企业直接为农民提供服务的模式。加盟模式则是由无人机生产企业提供设备，并对符合条件的加盟商进行人员培训，加盟商必须对所在区域进行持续植保服务，允许代理商自主决定植保服务费，不收加盟费，但不允许代理商出售无人机整机。该模式类似 O2O，用户只需要拨打服务电话，公司会派服务队上门实地确定，现场签约，测量农田后，预约时间并提供上门服务。该模式除了推出农用无人机系统，还自建农业服务队，为农民提供无人机喷洒农药等服务，是一种重运营模式。

（2）合资"7S"店模式。

"7S"即产品供应、售后服务、配件供应、信息反馈、飞行手培训、展示表演、植保解决方案等服务，其采取与大农户（农资经销商或农业合作社）合作设立合资公司（"7S"店），由无人机生产企业进行产品供应、技术支撑和资本支持，合资公司（"7S"店）进行无人机销售和飞防建设与服务，同时对无人机进行维修与保养服务。这种模式兼顾了上游（零部件及无人机整机生产与销售）、中游（农业植保服务以及解决方案）和下游（数据采集、售后维护市场，植保无人机展示表演便于深入农村和农民，进行飞行手的培训利于植保无人机安全推广普及），是一种提供全产业链服务的模式。

（3）网点租赁模式。

网点租赁模式由无人机生产企业在全国积极布局网点，针对经销商购买的植保无人机，提供租赁服务，由经销商负责网点运营，租金收益采用分账制，生产企业提供联网无人机租赁管理平台，无人机购置达到规定期限后，生产企业按残值回收。与农户直接购买植保无人机相比，此模式消除了购买成本高、作业操控需专业化培训、植保期过后飞机闲置、缺乏无人机维护和保养知识等问题，便于推广应用。

（4）直接整机出售模式。

直接整机出售模式由无人机生产企业推出农用植保无人机，开放给开发者，再推广给服务商或者客户，是一种轻运营模式，企业不直接提供飞防服务，运营成本相对较低。传统农机的基础设施、配套服务齐全，出故障能到当地农机维修店及时维修或是更换零件，目前无人机厂家各自为政，导致市场上的无人机标准化程度差，一旦无人机出故障往往只能返厂维修，较长的返厂维修周期容易错过农作物喷药杀虫的最佳时间。保障服务是该模式的重中之重，打药季一般只有 3～5 天，一旦设备坏了，不仅耽误农时，而且会让用户对设备失去信心，甚至对行业失去信心。目前该模式并不被看好，主要是一次性投入大，盈利周期长，操作和维护门槛高，风险较大。从长远出发，发展该模式的首要任务是加强对操控者的培训和基础保障能力建设。

2. 按无人机植保服务组织运营方式分类

从无人机植保服务组织运营的角度，可将无人机植保服务分为 5 类：无人机企业自建植保无人机飞防服务模式、农药生产企业自建植保无人机飞防服务模式、无人机生产企业与农药生产企业联合模式、植保无人机飞防线上运营平台模式、其他植保飞防服务模式[10]。

（1）无人机企业自建植保无人机飞防服务模式。

该模式主要采用"总部＋县级服务中心＋乡镇服务站"的方式进行。生产植保无人机的企业做后盾，在无人机投入和使用技术方面优势明显。可以通过服务来捆绑销售自己的无人机产品，以扩大市场占有率。但是该模式的资金实力、飞防药剂研发生产以及植保服务方面是其短板。该运营模式在局部区域应该会有所发展，但要在全国建立上百个服务中心，资金和人才都是巨大的挑战，该运营模式容易半途而废。

（2）农药生产企业自建植保无人机飞防服务模式。

该模式中企业有自己配套研发生产的农药制剂产品，可以通过植保飞防服务来捆绑销售本公司研发生产的农药产品，以此提高产品的销售量和市场占有率。但是这些企业大部分没有自己的无人机，需要购买或者与无人机企业合作，此外由于资金实力以及产品品种所限，服务范围基本覆盖自己生产企业所处区域和部分作物品种，或者与经销商有业务合作的区域，因此很难做大做强。

（3）无人机生产企业与农药生产企业联合模式。

植保无人机拥有诱人的发展前景，有人认为谁掌控了无人机飞防市场也就掌控了农药销售渠道，导致许多农药企业都感到前所未有的压力和挑战，因而开始与无人机生产企业合作，尤其在前两年，部分跨国公司也开始与无人机生产企业合作，以期占领飞防用药市场，共同推动农业植保飞防技术的研发与应用。但无人机生产企业与农药生产企业联合的运营模式也存在很多问题：一是二者未来合作将以谁为主导的问题，目前的合作更多是通过互相利用来推销各自的产品，可能会出现联而不合的状况，很难作为整体去运作。二是即使实现了真正的联合，"最后一公里"的飞防服务是短板，如果没有自己的服务组织，也很难实现药剂的推广落地。三是这种模式必然会打破农药企业原有农药渠道商的利益格局，导致他们的抵触。

（4）植保无人机飞防线上运营平台模式。

植保无人机飞防行业太过分散，地块区域化太严重，一个能够整合各种资源、让需求者得到满足、让供给者快速工作的平台应运而生。该类平台基于线上服务，整合无人机生产企业、农药生产企业、农资渠道商、植保服务组织等资源，通过智能化跨区域派单及业务积累大数据等达到全产业链延展，覆盖农业生产从种到收的全流程，真正成为农田的管家。但此类模式也有很多不足之处，主要表现在这类平台不仅要解决植保飞防的人、机、剂、技四大难题，还受制于农药生产企业、无人机生产企业、飞防服务组织、渠道商、用户等相关各方，想整合多方力量并非易事，而且植保飞防也是一项技术性很强的服务，实际操作和实现盈利的难度更大，还面临着当地渠道商和服务商的挑战。目前已有的线上服务平台基本是靠融资来实现平台的建立和运营，尚未实现盈利。

（5）其他植保飞防服务模式。

这类植保飞防服务组织主要包括农资渠道商建立的打药队，统防统治组织建立的飞防服务队，以及合作社、农业服务公司或者个体建立的打药队、飞防队等。这种模式的优势是对当地的种植情况和植保需求情况比较了解，容易被农户接受，也比较容易开展业务。开展这类服务的主体包括专业植保公司、种植大户和农事服务个体户，多数属于中小规模，以服务本地或者附近区域为主，由于资金、人力等问题，目前发展规模都不是很大。但此类公司专注于植保飞防服务，同时又整合了农药生产企业、无人机生产企业、大型渠道商的资源与优势，或者由这些公司投资参股，因此此类专业植保飞防服务组织发展潜力更大，前景可期。

（四）现阶段制约无人机植保发展的因素

随着经济的发展，我国面临着人口老龄化和人口缩减的严峻形势，加之一家一户的小规模生产模式的长期存在，无人机植保在加快实现农业机械化，特别是提高丘陵山区与水田的全程机械化作业水平方面发挥着重要作用。植保无人机及其施药技术在我国取得了长足的进步，但是由于起步较晚，相关配套技术研发滞后，无人机植保在快速发展的同时也暴露出许多问题。

1. 无人机制造及配套技术研发滞后

无人机制造及配套的喷施技术等基础科学、核心技术研究滞后，机型偏少，更新能力不足。配套的喷施设备性能差，喷出的雾滴谱宽，对靶性差，进而无法体现农业航空植保技术的优势。目前亟须解决的关键核心技术主要包括：①农业航空喷施专用剂型不足，缺乏与不同类型无人机配套的农药制剂相关技术标准。②缺乏完善的航空喷施作业技术标准，缺少针对不同作物、不同喷施剂型进行航空喷施时的作业时机、作业环境、飞行技术参数等科学完善的配置方案和要求。③缺乏适合复杂农田环境作业的高稳定、高可靠性的农用无人机自主飞行控制系统。④缺乏高效轻量化的航空喷施装备关键部件。

2. 缺少良好的产业发展模式

从事无人机植保的单位很多，但是目前大家都在探索中发展，还没有成功的经验可循，许多企业纷纷涌入这个行业，导致植保无人机飞防产业刚刚起步没有多久就陷入恶性竞争，市场混乱无序，例如，飞防药剂的乱配乱用导致作物药害时有发生，提供飞防服务时偷工减料或者在服务费用方面大打价格战等。无人机植保是人、机、技、剂四位一体的综合体，虽然现在无人机植保服务组织发展迅猛，运营模式多种多样，但还没有比较成功的模式可供学习借鉴，尚未能做到人、机、技、剂的真正融合，大多数运营单位盈利程度低下，许多勉强维持生存。

3. 无人机植保竞争力不足

市场份额较高的电动植保无人机的电池是较大的成本问题。市面上多旋翼电动植保无人机附带 1 块电池大概只够喷洒约 10 升药、1 公顷地。许多机型配备多块电池，用快速充电的办法轮换使用，但快速充电会减少电池的寿命。即使正常使用，普通电池的寿命也只有 200 次左右。在新疆、东北等地区，无人机植保的竞争力不及拖拉机植保。无人机植保服务的价格大部分都在 150 元/公顷左右，而拖拉机植保服务价格只有 90 元/公顷左右。据中国农用航空植保协会调查数据统计，2016 年全国仅有 10％的植保队达到营收平衡[11]。

4. 管理和社会化服务体系不健全

政策与管理是保障我国农业航空快速、健康发展的首要问题。无人机植保在农业生产中的重要作用没有得到充分凸显，目前我国尚无对口的农业航空管理部门，与无人机植保产业相配套的多种形式的社会化服务组织，包括租赁、中介、培训、机修以及推广、融资、保险等专业公司尚未形成规模，单个企业对上述服务成本支出的承受力不够，推广力度有限。

（五）推进无人机植保健康快速发展的建议

1. 加大科研投入和技术攻关

加强对无人机及配套技术研发的经费支持，多方联合，协同创新攻克技术瓶颈。联合无人机研制、农药剂型开发和农艺等部门，针对无人机制造及配套技术系统中的薄弱环节进行攻关，提高关键技术知识产权的自主化水平。目前亟须攻克的技术瓶颈包括农业航空喷施剂型的筛选与评价、航空喷施作业技术参数的优化、无人机自主飞行控制系统的优化、航空喷施装备关键部件的设计与优化等[12]。

2. 加强人才队伍和服务体系建设

无人机驾驶员的培养是农用植保无人机广泛应用，整个行业健康、安全、快速发展的基础。为确保安全和使用效果，拥有农用植保无人机的单位，应使用正规机构培训的无人机驾驶员来开展田间作业，积极培养飞控手，补齐市场空缺。加强与农业航空产业相配套的多种形式的社会化服务组织，包括租赁、中介、培训、机修以及推广、融资、保险等主体的建设，以保障无人机植保服务的健康有序发展。

3. 加强管理和政策引导

设置跨部门的农业航空管理机构，加强对农业航空产业的管理和规范。尽快制定无人机及配套机具的制造、鉴定、作业、质量检测认证等标准，形成农业航空飞行器及作业机具的准入制度。在进行农田基本建设规划和改造时，应将农业航空作业纳入考虑，最大程度减少防风林、电力电信布线等对农业航空应用的影响。加大政策引导和扶持力度，对购买农用无人机或者购买无人机植保服务的行为进行补贴，降低无人机植保的使用负担。

4. 政企联合推广

联合政府、科研院所和企业及用户等多方共同建立专业化组织，提供收费合理的无人机病虫害防治综合服务，使农民逐渐接受无人机农作物病虫害防治技术，同时提供无人机操控手培训、植保作业、机具维修、保险、产品运送和交付等服务，解决农民使用无人机植保的后顾之忧。还可推广采用基于服务的商业模式，赢得对价格敏感农户的市场[13]。

二、粮食烘干服务业

（一）产业发展概况

近年来，我国全力推进粮食生产的全程机械化和农业生产的全面机械化，并加大对农业生产关键环节的投入和提高薄弱环节的机械化水平。"及时烘干，安全入仓"是粮食生产全程机械化解决耕、耙、播、收后的最后关键环节，具有保障粮食安全、提高粮食品质的作用。

2004—2015 年，我国的粮食总产量连年增加，催生了对粮食烘干和加工设备的需求。第一是土地流转与集中，促进了农业规模化和集约化经营，在提高粮食产量的同时，改变了传统晾晒和储存方式，增加了对粮食烘干和加工的需求。第二是粮食期货市场发展、粮食加工企业不断增多，导致粮农原先收获之后就地卖粮的习惯转变为先储存待行情好时再出售，这种转变也会导致粮食烘干和加工需求增加。第三是随着机械化收获水平提高，为了赶农时抢收抢种，导致高含水量粮食增加，也提高了对粮食烘干和加工的需求[14]。

在传统晾晒方式中，农民在粮食收获后，往往会把粮食晒在公路上，不仅使粮食中的杂质含量提高，还会造成交通隐患。如果遇上连续阴雨或者天气突变等情况，收获的粮食会发霉变质，造成较大损失。有关资料显示，发达国家粮食收获后的损失率大多在 3％以下，发展中国家粮食收获后的损失率约 5％，而我国粮食收获后的损失率高达 15％，其中每年收获季节因天气原因来不及晾晒而霉变、发芽等损失的粮食高达 5％～10％。同时，在粮食自然晾晒过程中，粮食破碎、遗漏问题也很严重。粮食收获后如能及时进行机械烘干，能够有效减少因天气原因和自然晾晒过程中的破碎、遗漏等损失[15]。

在当前土地资源紧张、自然灾害频发、粮食收获机械化基本实现的情况下，传统的晾晒方式已无法适应新时期生产需求。粮食烘干的推广应用能有效地防止不良天气造成的损失，是农业全程机械化的必然要求；能够减轻劳动强度，防止人工翻晒造成的粮食污染，提高粮食品质。

（二）国内外粮食机械化烘干发展概况

美国、日本、俄罗斯等国家粮食干燥机械的发展始于 20 世纪 40 年代，于 50～60 年代基本上实现了谷物干燥机械化，60～70 年代实现了自动化，70～80 年代谷物干燥向高效、优质、节能、低成本、计算机控制方向发展，90 年代以后谷物干燥设备形成系列化、标准化。近年来，在谷物干燥过程的计算机模拟控制发展较快，谷物干燥机械的设计和质量都在不断提高，谷物干燥机械逐步走向智能化。日本是全球谷物干燥机械化程度最高的国家之一，集约化程度高，烘干质量好，谷物干燥机械化率已经达到 100％，烘干服务逐步形成了产业化和系列化。

中华人民共和国成立初期谷物干燥机械结构复杂、造价高，仅在国有农场、粮库及集体企业使用。20 世纪 70 年代后期，有关单位研制出了适用于农场生产连队和农村生产队使用的谷物干燥机，但使用量较少。80 年代，随着我国农村经济体制改革，干燥机械的研制也向多用化、小型化方向发展，以适应农村经济状况。90 年代以来，随着农村经济的发展和农业生产力水平的提高以及规模化经营的发展，一些大型粮库、国有农垦系统的种子和粮食生产基地逐步装备谷物干燥设备，并与仓储、加工等设施配套，成为我国谷物烘干机械的主要应用代表。同时，我国开始引进国外先进谷物干燥机械，并启动了国内谷物干燥设备的研发工作。2004 年以后，随着我国颁布了促进农业机械化发展的政策，粮食烘干机械也在不断发展和走向成熟。据统计，2016 年全国机械烘干粮食数量 11 226.48 万吨，烘干率为 18.22%，同比提高 0.90%，比 2001 年提高 15.55%[16]。

（三）粮食烘干服务模式

我国户均农作物种植规模较小，烘干中心一次性投资资金较大，现有的烘干中心多是以村集体、合作社或粮食生产公司、粮库、粮食收储公司为主，同时对外提供烘干服务，以增加收益，缩短烘干中心建设资金回收期限。

1. 按使用主体的粮食来源与经营主体的关系分类

按使用主体的粮食来源与经营主体的关系可将现有的烘干中心分为 3 类，即自营型、自用兼对外服务型和完全对外经营服务型[17]。

（1）自营型。

自营型烘干中心使用主体是经营主体本身，并且经营主体本身是粮食生产者，烘干中心烘干的粮食来源为经营主体自己种植。自营型烘干中心的经营主体一般是种粮大户、村集体或合作社集体，只烘干自己、村里农户或参加合作社的社员粮食，烘干中心的建设费用由农户自己、村民或所有社员共同承担，由农户自己或集体共同参与经营和维护，集体共同经营的烘干中心一般不会向使用机械烘干的农户或社员收取服务费用。

（2）自用兼对外服务型。

自用兼对外服务型烘干中心使用主体是从事粮食生产的经营主体和其他的粮食生产主体，烘干的粮食来源为经营主体本身种植和其他粮食生产主体种植。自用兼对外服务型烘干中心其经营主体可以是农户、村集体、合作社或一些粮食生产公司，烘干中心在生产能力有富余或自己的粮食已经烘干结束的情况下，为周围粮食生产者提供烘干服务，并向非经营主体的使用者收取一定的服务费用，用以补偿烘干机械的运营维护费用。

（3）完全对外经营服务型。

完全对外经营服务型烘干中心使用主体为其他粮食生产主体，或者说烘干的粮食是其他经营主体种植，经营主体本身并不种植生产粮食。完全对外经营服务型的烘干中心其经营主体大多是粮库、粮食收储公司和粮食加工公司，也有村集体、企业和个人。粮库、粮食收储公司和粮食加工公司并不生产粮食，而是收购农户的湿粮进行烘干，之后直接入仓储存或者加工销售；村集体、企业和个人则是投资建设的以经营服务、获取收益为目的的烘干中心，为种植户提供烘干服务，烘干后收取服务费用。

2. 按烘干机构的组建主体和方式分类

按照烘干机构的组建主体和方式可将现有的烘干机构分为 5 类，即以股份合作制建立的粮食烘干中心，以企业为主体建立的粮食加工销售中心，农机大户、种粮大户组建的粮食烘干中心，以合作社建立的粮食烘干点，国有粮食收购储备中心[18]。

（1）以股份合作制建立的粮食烘干中心。

在粮食产区建立采用分散种植、集中服务、有偿经营运作方式的烘干中心，收获后的粮食统一干燥。烘干中心由农民集资建立，其基本运行模式是从农户手中按水分标准和品种收购湿粮，统一进行干燥作业，然后经加工成为可以直接上市的粮食产品，或者成为国家粮库的储备粮，参与集资的农民可以获取分红收益。这种方式经营的烘干中心能解决一家一户粮食收获较少而谷物烘干机单机作业能力较大的矛盾。

（2）以企业为主体建立的粮食加工销售中心。

农机部门与粮食收购企业、种子企业或粮食加工企业合作，在企业建立粮食加工销售中心。这种加工销售中心为获得更大的经济效益，其一般也是将湿粮进行统一作价收购，由加销售工中心干燥、储存和加工，产品面向全社会销售。

（3）农机大户、种粮大户组建的粮食烘干中心。

这类烘干中心是随着农田适度规模经营和土地流转以及农业产业结构的调整而发展起来的。农机大户、种粮大户购买小型烘干机械，开展自主经营，或者向周边农户提供烘干有偿服务。

（4）以合作社建立的粮食烘干点。

农民在完全自愿互利基础上成立农业合作社或专业合作经营组织，统一建立粮食烘干加工销售中心。农业合作社社员把自己的稻谷全部交给合作社，按统一标准进行机械化干燥、加工、销售，合作社成员一起分担加工过程的各种费用，然后根据各人售出的情况，共同分享利润。

（5）国有粮食收购储备中心。

以国家粮库或粮食部门辖下的粮站为基础，利用粮食部门原有的仓储设施，配备大、中型粮食烘干设备，建设粮食收购储备中心。粮库直接收购农户的湿稻谷进行干燥，干燥后的粮食直接入仓储备。

（四）制约烘干机械发展的主要因素

我国烘干机械化水平逐年提高，但上升较为缓慢，目前烘干机械化水平还很低，烘干机械的发展还面临着许多问题[18-19]。

1. 一次性投资大、经济效益低

发展粮食烘干机械化，除购买烘干机械外，还需配备清选机等辅助机械设备，建设简易周转仓、棚架和场院等配套设施，以及解决流动作业的运输工具等，因而一次性投入很大，回本周期长。如1台热风炉，1台小型烘干机（单批烘干量为10吨），加上配套设施，除去国家补贴也需要近20万元的投资，而年作业量在1 000吨以下，如每吨粮食40元的利润，年净收入仅为4万元，需5～7年收回成本。然而烘干机械每年作业期较短，使用时间集中，且现有的谷物烘干机功能单一，除谷物烘干，不能用于油菜籽及其他经济作物，导致烘干机械年均使用时间不超过30天。因此烘干机械利用率低、经济效益不高，影响了各地农机服务组织和农民购置安装烘干机的积极性。

2. 烘干作业成本偏高

粮食种植的总体经济效益不高，采用烘干机械进行粮食干燥，若考虑烘干机械折旧，则每千克稻谷的烘干成本为0.08元左右。从粮食烘干机械经营者角度出发，每千克收费价格需定在0.10～0.12元才能获利。以目前粮食种植收益和农民收入水平，这样的价格难以被大部分农户接受，尤其是在天气好的情况下，农民通过适当延迟收割时间，或者稍做晾晒即可达到收购标准。由此可见，成本偏高导致烘干作业服务市场需求不高，制约了粮食烘干机械化的发展。

3. 建设用地审批难

农机具库房、粮食烘干设施、粮仓建设无"地"可建已成为农业机械化发展中越来越突出的问题。1台烘干机，需要占地400～600米²。虽然政府规定种植面积3%～5%的土地作为仓储及经营用地，但是烘干中心经营用地的申请比较困难，农业设施用地获批的少之又少。

4. 粮食种植经营规模小、土地流转不稳定

近几年来，随着土地流转的进行，一些街道（镇）的农业生产规模有所扩大，开始出现一些种粮大户，但绝对数还是比较小，经营的土地规模不大。例如，浙江省大多数农户承包的土地面积为0.33～0.67公顷，每季收获粮食不超过5 000千克。在这种情况下，种粮农户没有必要购买谷物烘干机械。很多农民在流转土地时往往只愿意签短期协议，造成种粮大户承包面积的不稳定，投资烘干设备的积极性受到影响。即使有农机服务组织提供粮食烘干作业服务，农户也嫌粮食转运麻烦而不愿意送去烘干，由此导致了粮食机械烘干无法形成规模作业，影响了粮食机械烘干作业的经济效益。

5. 粮食收获模式与烘干模式不匹配

以玉米为例，目前市场上的烘干机还不能烘干玉米果穗，玉米收获时湿度大，如果直接脱粒，会造成籽粒破损，降低产量，所以收获后将玉米果穗，晾晒2～5天后方可脱粒和烘干，这就要求必须有足够的场地进行晾晒。除此之外，还增加了玉米果穗的装卸和运输环节，进而增加了玉米的烘干成本。

（五）促进粮食烘干服务健康快速发展的建议

1. 加大技术推广示范

通过多种方式宣传传统粮食干燥方式给粮食生产造成的损失、公路晾晒粮食给人身安全带来的危害、粮食产后机械化烘干的经济效益和社会效益，以此提高农村基层干部和粮食生产主体对粮食产地烘干机械化重要性与必要性的认识，引导粮食生产主体积极、主动地接受和发展粮食机械化烘干作业服务。

加强示范基地的示范带动作用。在建设好粮食烘干机械化示范基地的同时，加强先进适用的粮食烘干机械的引进、示范和推广；依托农机专业合作社和种粮大户，建立一批粮食烘干中心和流动烘干服务队开展社会化服务，用效益吸引群众，以点带面，扩大粮食机械化烘干作业的示范范围，从而推动粮食烘干机械化[20]。

2. 加强经营主体培育和服务体系建设

加大粮食机械化烘干经营主体培育：首先支持鼓励农机专业合作社和种粮大户购置粮食烘干机械。其次在粮食作物的主产区建立区域性粮食烘干中心。最后支持鼓励农业龙头企业、其他社会资本、工商资本投资经营粮食烘干机械。建立和完善粮食产地烘干服务体系：首先依托农机服务组织建立小型粮食烘干中心，配合水稻生产全程机械化作业，向周边农户提供烘干作业有偿服务。其次组成专业服务队，带机流动作业，向农户提供烘干作业有偿服务。最后鼓励服务组织直接为农场或种粮大户提供服务。

3. 加大科研投入和技术攻关

粮食烘干机研发生产部门应紧紧围绕市场需求，瞄准产业发展方向，加大产学研联合攻关力度，突破关键部件和核心技术瓶颈，加速国外先进技术国产化进程，推进粮食烘干机向更高层次发展。未来国内烘干机发展方向应如下：一是研发功能完善、烘干工艺好、生产能力强、环保节能且单位投资成本少、烘干作业成本低的中大型烘干机及其配套技术。二是研发可以同时满足经济作物、花卉、中草药等多种作物烘干需要的机械，烘干设备逐步向专业化、特色化和多功能化方向细分发展。三是结合不同地区和不同群体发展需要，固定式和移动式烘干设备协同发展。四是粮食烘干技术向节能高效、环保智能方向发展[21]。

4. 完善政策保障体系

政府职能部门应采取以下措施，进一步完善相关的政策保障体系，推进粮食烘干机械化发展。一是进一步加大烘干机械及其配套设施的补贴力度，虽然目前政府对烘干机械的补贴额度已达到 60%，但仅为粮食烘干作业服务总投资的 30%，无法满足各类经营主体发展粮食烘干机械对资金的需求，建议将配套设施的投资也列入补贴范围，减轻经营主体的压力。二是借鉴农机田间作业补贴办法，增设烘干作业环节补贴。三是切实解决烘干机械经营用地问题，对发展粮食烘干机械的用地由农业行政主管部门统一组织申请，把解决烘干机械经营用地问题落到实处。四是依法建立农机金融支持机制，创新农机信贷产品，拓宽农业机械化发展资金信贷渠道，提高支农信贷投入，帮助农民解决购置农机的资金缺乏问题。

5. 科学规划布局

充分了解关于国家粮食烘干中心建设政策，依据国家、行业标准和所在地的城市规划，按经济区域统筹规划粮食烘干中心，合理布局设点，优先在粮食主产区、主销区和交通干线粮食集散地选点建设。烘干中心建设要遵循统筹规划、优势互补、因地制宜的原则，综合考虑各方面影响，委托有建设资格的专业技术单位承担项目规划设计和建设工作，根据实际需要以及财力、物力等实际条件，一次或分期逐步发展实施。坚持节约、节能、高效、环保的原则，选用符合使用功能要求和适应当地自然条件的粮食烘干机型号；完善仓储工艺，满足安全储粮需要，提高粮食仓储设施现代化水平[22]。

6. 倡导绿色发展

开发或引进适合我国国情的中小型多功能、多热源、结构简单、价格低廉、热效率高、生产率高的机型。开发采用清洁能源、热效率高的机型，节约能源，降低烘干作业成本，减少碳排放量。如鼓励粮食烘干运营机构使用秸秆作为能源，在降低粮食烘干能源成本的同时可以减少秸秆焚烧压力，提高环境效益。按"资源化、减量化、无害化"的处置原则，认真落实固废分类收集、处置和综合利用措施，做好粉尘及废弃物无害化收集处理，采用消音、隔声和减振等措施，有效减少对周围环境的影响。

三、互联网＋农机服务

（一）概论

1. 发展背景

"互联网＋"作为信息化发展的核心特征，实现与工业、商业、金融业等服务业的全面融合。通俗来说，"互联网＋"就是互联网＋各个传统行业，以互联网的思维逻辑、价值理念及运营方法为主导，利用互联网平台、信息通信技术、智能化技术、大数据技术等信息技术，将互联网与传统行业进行深度融合，对传统产业资源要素及生产方式等进行重组，形成以互联网技术为工具的新的经济发展业态，从而进一步提升传统产业价值，创造新的发展生态[23]。

互联网＋农机就是互联网与农机行业相结合，以农机智能装备为载体，将现代信息化技术融入农机研发、应用、推广和服务等各个环节，通过"互联网＋"推进研发网络化、生产智能化、推广在线化、服务实时化等，构建具有高端化、绿色化、智能化、协同化、融合化、服务化特征于一体的农机智能装备产业生态圈，实现互联网思维下的农机产业体系[24]。其中，互联网＋农机服务旨在通过将互联网技术融入农机服务产业，拉近全国乃至全球农机服务产业供求者之间的距离，为农业增产、农民增收、农村健康发展提供保障[25]。

农业现代化发展与农机智能化发展息息相关。我国农业现代化经过1.0到3.0的演进，如今正向4.0迈进。在农业4.0新时代，将呈现以物联网、移动互联网、大数据、云计算等为支撑和手段的一种全新现代化农业形态。对应的农机4.0是指"从好到强"，即要实现农机智能化，互联网＋农机。未来种田靠"数据"，智能农机的发展需要更有效地通过数据服务来利用农业资源，换句话说，"互联网＋"时代得数据者得天下，农机服务产业应紧跟农业4.0发展步伐，借助"互联网＋"让农业生产经营者得到更高水平的社会化服务[26]。

我国农业机械化从2004年经历了快速发展期，但是农机服务产业存在信息不畅、效率低下、资源匹配不均、服务缺位等问题。每年"春耕""三夏""双抢""三秋"等重要农时季节，全国都有数十万台各类农业机械跨区作业。对于政府部门来说，如何及时、全面、准确地掌握这些海量的农机作业进度和作业供需信息，引导跨区机具的有序流动，是加强农业机械化发展宏观调控、促进农机跨区作业市场有效运行的重要前提。这种情况对于受到洪涝灾害或病虫害影响的年份更显迫切。对于跨区作业机手来说，由于信息不对称，如何快速方便地获取作业市场信息，帮助提高机具的利用率、提升机具投资收益，是他们关切的重要难题。而对于急需机具作业的农民来说，在短暂的农忙季节，如果有农机及时来进行作物收割和其他农田作业，则可以解决他们的燃眉之急。常出现的农机无序流动、机器等活、农户拦路抢机器等现象反映了农机服务产业的不完善。如何利用"互联网＋"，构建新模式下的农机服务综合平台，是实现信息实时化，提高农机服务效率的关键所在[27]。

国家高度重视农业信息化发展，为互联网＋农机服务营造良好的政策环境。《农业部关于大力推进农机社会化服务的意见》将农机社会化服务与互联网挂钩，《国务院关于积极推进"互联网＋"行动的指导意见》《"互联网＋"

现代农业三年行动实施方案》《农业部关于印发〈"十三五"全国农业农村信息化发展规划〉的通知》等政策的连续出台，为互联网＋农机服务产业的发展提供了坚实的政策保障，《农业部关于开展农民手机应用技能培训提升信息化能力的通知》和 2017 年《关于举办互联网＋现代农业发展专题培训班通知》等全国性的培训促进了"互联网＋"与农机服务产业的加快融合，《农业部办公厅关于做好 2017 年农机深松整地工作的通知》明确要求"深松作业任务 150万亩以上的省份，今年力争实施信息化远程监测的作业面积占实际补助面积的85％以上"，细化互联网＋农机服务建设任务。山东省《关于加快推进农机信息化发展的意见》聚焦农机信息化发展规划谋划、农机装备智能化水平提升、农机信息化技术融合应用、农机大数据发展、农机政务信息化提档升级等任务，搭建省、市、县和合作社、农机手为节点的整体架构[28]。

2. 发展现状

随着现代农业装备在农业生产中的应用越来越广泛，"互联网＋"技术引入农机领域，加速农业机械化和信息化融合，农机社会化服务效率、效益逐步提高[29]。农机管理部门、生产流通企业、社会服务组织、农机合作社开展市场供需对接、机具调度、服务保障等信息化服务平台建设，采用大数据、物联网、云计算等技术，以信息感知设备、传感网、互联网和智能控制为核心的农机信息化，实现农机生产管理过程实时监测和科学调控，建立数据智能化采集、处理、应用、服务、共享体系，"让信息多跑路，让农机多干活"，促进农业生产节本增效。美国天宝公司、日本久保田公司开发了相应的农机服务平台，国内农机直通车、农机帮、靠谱作业、农机深松作业信息化监管系统等应运而生。

国家高度重视农机服务相关科研创新，增强互联网＋农机服务发展动力。"十三五"国家重点研发计划"智能农机装备"重点专项设立了 11 项重点研究方向，细化为 47 项研究任务，通过产、学、研、推紧密合作，分 3 批完成，2016—2020 年完成 19 个项目，2017—2020 年完成 17 个项目，2018—2020 年完成 11 个项目，总经费 15.33 亿元。其中，2017 年部署共性技术研究——农机智能作业管理关键技术研究，设置基于北斗系统的农机定位与导航技术装置研究、农机变量作业技术与装置研究、农机作业与运维智能管理技术系统研究等项目，推动互联网＋农机服务发展，为实现精细作业和智慧生产、转变农业发展方式奠定技术基础[30]。

①基于北斗系统的农机定位与导航技术装置研究。中央财政经费拨付1 846万元，牵头单位为华南农业大学。针对土地规模化经营发展对农机提高作业质量和效率的需要，以拖拉机及联合整地、播种、插秧、灌溉、施药和收获装备为对象，研究自主作业智能化技术和 TD－LTE 在农机智能作业中的应

用技术，研发适合农业复杂环境下基于北斗系统的多系统高精度定位、自组网络数据传输链路、机器视觉与多传感器组合导航技术系统，开发导航、控制、互联网等与农机一体化融合执行装置，并进行试验考核，提升我国农机智能化作业水平，为智慧农业奠定技术基础。

②农机变量作业技术与装置研究。中央财政经费拨付2 331万元，牵头单位为中国农业机械化科学研究院。针对现代农业精准、高效、生态的需求，研究土壤肥力和作物养分自动实时决策分析、作业对象精准定位以及光机电液多源信息采集、融合控制等技术，开发系列化多模态信息采集、数据表示及分析决策模块；面向播种、施肥、灌溉、施药等作业环节，开发标准化智能变量施用执行机构与系统装置，并进行试验考核；构建农田信息指导、作物精准定位、机器智能作业的变量作业技术体系，促进农业生产方式转变。

③农机作业与运维智能管理技术系统研究。中央财政经费拨付2 036万元，牵头单位为北京农业智能装备技术研究中心。面向农业生产、装备制造企业、农机专业化服务组织对农机装备高效管理的需求，开展农机智能管理技术研究，重点研发机群协同作业与远程智能调度技术及系统；开展农机远程运维管理技术研究，重点研发故障自动预警与自动诊断、智慧服务技术及系统；开展农机作业管理技术研究，重点研发作业智能决策、作业工况监控与质量控制、作业数据分析技术及系统；集成并进行试验考核，构建农机作业决策与智能管理系统，提高农机群组作业与运维管理水平，达到高效能。

行业协会和地方政府大力推介，互联网＋农机服务效果显著。2017年，中国农业机械化协会发布首个团体标准《农机深松作业远程监测系统技术要求》，规范机械化深松作业监测系统的使用范围、系统架构，同时对监测终端、数据平台、监测方法和检验规则等进行了分类、规范和要求。2017年深松作业任务10万公顷以上的省份，基本实现信息化远程监测的作业面积占实际补助面积的85％以上，其中黑龙江、内蒙古等地区信息化监测率均达到100％。黑龙江省大力推动互联网＋农机，推广应用农机管理平台和智能终端，大幅提高了黑龙江省农机生产精准化、信息化、数字化水平。依托高校研发安装在大型农机上的智能终端，开发建设省农机管理指挥调度中心平台，构成完善的农机管理指挥调度系统，覆盖全省各市、县，实现了农机具定点定位、图片采集、作业信息和数据的收集、作业质量的监测。2017年，黑龙江采用农机管理平台和智能终端监测全省农机作业面积400万公顷以上，协助发放农机作业补贴近10亿元，覆盖全省1 359个农机合作社、51 752台各类机具、1 100个各类农机服务网点、80万农机驾驶人员。深松整地和秸秆还田远程监测数据统计智能化，免去了钎子定位尺子量，避免了过去人力验收造成的面积质量核实误差，降低工作成本的同时杜绝了虚报、冒领深松作业补助现象的发生。

（二）典型案例

1. 全国农业机械化生产信息服务平台（农机直通车）

2014年农业部农业机械化管理司开始建设维护全国统一、开放、共享的全国农业机械化生产信息服务平台（简称"农机直通车"），以提高农业机械化生产管理与服务的信息化水平，使农业机械化生产主体与管理部门能够及时、便捷地获取和发布有效的农机作业信息，解决农机作业供需市场的信息不对称，更好地为农机管理系统、农机手和农民服务，促进农业增效和农民增收。2014年平台建成后，连续2年在河北、山东、河南、安徽、江苏、湖北、新疆7个省（自治区）试点应用，2016年麦收期间，农机直通车累计向33.9万名农机手发布各类农机作业信息295万条，有效调度农机12.5万台次，有力促进了粮食主产区作业机具的供需平衡、联合收割机的有序转移。农机直通车包括政务管理、农户服务、合作社应用三大系统。依托互联网和移动终端开发技术，搭建了Web端的全国农业机械化生产信息服务平台网站和农机直通车手机客户端及微信服务号，实现了电脑端与手机端农业机械化生产进度信息报送和统计查询、农机作业供需信息发布与智能匹配（农业版"滴滴打车"）、农机合作社信息化管理等功能，使用户以最便捷的方式获取信息服务。同时基于手机与车载系统的位置信息，实现作业机具的查找和农机调度等功能。

农机手下载农机直通车APP之后，点开首页选择"找农活"选项，会出现农户发布的作业地点、面积和价格，提前计算成本和收益，确定之后再接单，到了就干活，大大提高了效率，还可以跟老客户保持长期联系，提前签订"作业订单"。农户下载之后，只要把农作物的收割面积、地理位置等信息发布到农机直通车APP上，就会有农机手浏览确定，并与之联系。农机直通车的出现有效解决了农机手"没活干"、农户们"找机难"的问题[31]。

农机管理部门可以通过农机直通车进行应急调度、上报数据。该平台的"管理版"实际上就是农业机械化生产管理与应急调度系统，打开页面就能看到全省（自治区）农机在各地的分布情况以及农机手信息，并与各省（自治区）农机管理部门的大数据共享。在极端天气情况下，农机管理部门可以通过群发短信来进行农机具的应急调度。2017年，农业部还规定，天津、河北、山西、江苏、安徽、山东、河南、湖北、四川、陕西等小麦主产省份作业季节每日16点30分之前，通过全国农业机械化生产信息服务平台将当日小麦机收进度数据报送农业部，保证了数据的及时有效性[32]。

2. 农机360网（农机帮）

农机360网现为大田农社旗下农机专业网站，多年农机大数据积累，整合行业线上及线下资源，为用户提供基于线上互联网平台和线下服务资源融合互通的农机采购、贷款、保险、作业、售后服务、二手农机转让等高效便捷O2O平台服务；为流通企业提供基于互联网的农机销售、金融支持、保险服务、售后服务等销售和服务的信息匹配支持；为农机生产企业打通产、销、用、服务等各环节的信息链，更好地准确掌握市场需求；为管理部门更好地掌握农机生产、销售、农业机械化作业等各环节提供信息平台支持；为农民用户和企业引入更多的社会服务资源，为充分调动农业机械化各环节要素提供必要的工具。包括电商平台、金融服务、保险服务、农机作业服务、物联网等服务模块[33]。

互联网＋农机流通构建农机消费新模式。利用互联网及移动网络平台，通过与生产企业及渠道商建立合作关系，为农民提供线上和线下资源及服务高效互动对接的农机O2O电商平台，打通产、销、用、管农机流通的各个环节，实现产品选购、补贴查询、贷款申请、保险申购、二手农机转让的产品流通服务闭环。移动端电商平台还可以通过基于位置服务（LBS服务），让用户足不出户就能够找到距离自己最近的农机经销店，实现线上平台选购，线下到店提机、办理贷款、购买保险、买卖二手农机等全新的服务体验。电商平台不仅解决了农民用户选购农机便利性的问题，而且解决了厂商及经销商获客难、销售成本高的问题。2015年日询盘用户数超过1 000个，全年意向订单用户数累计超过125 000个，意向采购金额超过120亿元。农机O2O电商平台在2015年"双十二"活动中7天内活动页面被用户访问浏览340 908次，最终用户订购农机2 578台（套），总货值超过4.08亿元。2016年，农机360网实施"百城万店"计划，与全国百家主流农机品牌厂商和10 000家经销商建立合作，为厂商和经销商建设线上电商平台，利用互联网平台为行业导入金融、保险等服务资源，搭建线上和线下资源融合互通的O2O电商平台，帮助厂商以及渠道商借助"互联网＋"实现转型升级。

互联网＋金融服务让农业发展更有动力。借助国家"农业普惠金融"政策，结合互联网金融以及农机行业消费大数据、物联网等先进风控手段，将传统融资租赁模式与银行金融服务模式相结合，打造农业互联网金融服务平台。并通过与国内多家银行和金融机构开展合作，为农民用户提供低成本、高效率、安全的融资金融服务。用户可以通过农机O2O电商平台、农机360网旗下信农贷平台、移动端平台农机帮在线申请贷款，解决了农民用户"贷款难""贷款贵"的问题。"信农贷"业务网点超过700家，覆盖全国近500余个县、市和地区，2016年建设渠道合作伙伴1 500个左右，覆盖中国主要农机消费县域。2015年"信农贷"为农民购买农机提供了1.26亿元资金。

互联网＋农机保险让农业生产更有保障。利用自身互联网技术及资源优势，联合保险公司共同推出农机行业专属的农机保险产品"信农保"，为农机作业过程中产生的风险提供保障。推出农业机械自燃损失险、驾驶员及随机辅助人员意外伤害险、第三者责任险等险种，用户可以很方便地在电脑和移动端（农机帮）完成投保、理赔。"信农保"农机保险和行业多家主流品牌厂商达成合作，2016 年，"信农保"与 2 000 家左右的农机经销商达成保险服务合作，建立全国的保险服务网络，通过网络平台和线下服务资源一起为农机作业提供风险保障。

互联网＋农机作业让农机作业更高效。这是农机 360 网旗下移动平台——农机帮的核心功能，农机帮是基于移动互联网技术、"大数据＋云计算"以及 LBS 位置服务，整合社会、企业、渠道、用户等各类资源的农机作业专业应用。农机帮可以为农机作业提供全场景化的服务。第一，通过对农机作业供需信息进行高效匹配，让种植户快速找到距离自己最近的作业服务农机手，而农机手同样可以非常便利地找到活干，解决种植户与农机手之前供需资源不匹配的问题。第二，通过对农机作业维修服务站点的供需匹配，让作业的农机手非常便捷地找到距离自己最近的维修服务站点。通过加油站、天气预报等作业服务导航，满足作业农机手更多的服务需求，为农机手的"无忧"作业提供了保障。农机帮推出以来，拥有 8 万多名用户，每天的活跃用户超过 10 000 名，打破了信息的条块分割，提高了农机作业效率，降低了作业成本，减少了资源浪费；减少了农机手作业等待时间，提高了作业效益；为农机作业及跨区作业服务提供全场景化的信息服务，全面提升了农业机械化作业服务水平。

物联网让农业生产更智能。通过信息传感技术、"大数据＋云计算"以及网络信息通信等技术搭建农业机械化物联网综合管理平台。搭建的物联网综合管理平台可以实现对农机作业轨迹回放、作业时间查询、报警信息分析、作业面积统计、故障信息分析、维修记录查询等服务管理功能，通过对农机作业的实时有效监控，进行作业数据的采集，作业质量的监管，农机作业资源的协同调配，同时还可以满足企业及经销商对农机产品进行主动及时的服务，减少服务等待，降低服务成本。

3. 雷沃阿波斯互联网＋农机

2016 年，雷沃阿波斯农业装备发布阿波斯智慧农业解决方案（iFarming），与意大利博洛尼亚大学、中国农业大学、华南农业大学、IBM 公司及天津 e 田网络科技有限公司，三国六方共同签署了《雷沃阿波斯智慧农业 2025 战略合作协议》。依托互联网、物联网与大数据实现集成与互联，通过农田测量、定位信息采集和智慧化农业机械配套，提高农机服务质量和效率。

雷沃阿波斯互联网＋农机战略包括农机智能化、农业大数据和农机智能云服务平台。农机智能化通过智能终端（ISO‐Bus、CAN‐Bus 等）、智能控制器（ECU、VCU 等）和智能传感器（测产感应、土壤检测等）等实现农机智能监测与控制设备。农业大数据通过收集企业系统数据、智能农机自身数据和互联网数据，进行整合分析并应用。农业智能云服务平台是与天津 e 田科技联手基于互联网和大数据等技术的农机管理服务平台，包括"靠谱作业""曹操快修"等功能。

"靠谱作业"是连接农机手与种植户的综合服务平台，服务于专业的农机合作社及农机户、3.3 公顷及以上的种植大户。种植户发布需求信息，农机手平台接单，平台要求用户实名制认证、签订作业协议、交纳保证金，实现"靠谱作业"。已服务规模种植户约 14 万名，服务农机手约 9 万名，发布作业需求面积约 53.3 万公顷。

"曹操快修"平台是连接维修点与农机之间的信息桥梁，为农机手提供最近的维修点，为维修点提供更多的维修订单，让农机维修不再等待。平台累计入住服务站超 2 000 家，其中雷沃服务站超 500 家，累计交易量超 5 万件，服务农机手超 4 万名。

2017 年，湖北省汉川市西江乡连续的阴雨天气导致水稻大面积倒伏，秋收无望，雷沃相关人员通过"靠谱作业"平台发布信息后，18 小时内从江西、安徽、河南等地赶来上百台收割机，抢收 26.7 公顷[34]。

4. 农机北斗导航系统

农机北斗导航系统由江苏北斗卫星应用产业研究院与地方农业部门联合研发，包括北斗导航农机管理终端、高清拍照设备、系统平台、手机 APP、短信平台 5 个部分。该系统可为机械化播种、插秧、植保、收割、翻耕、秸秆还田等农机作业提供作业数据采集、自动化处理、统计分析、精细化管理等服务。农机手只需下载 1 个手机 APP，与终端匹配后，就可以准确掌握作业情况，获取作业的深度、面积、位置、图像等信息，并在后台对大数据分析处理，进行农机指挥调度。某地区新增农机装备 100 余台，装备了北斗导航系统，主要是拖拉机等动力机械以及谷物收割机、水稻插秧机等。北斗导航系统的精准作业、自动驾驶这两大功能，深受农机手的欢迎，如在 1 块长方形的农田，农机手将播种机开到田地一角，在手机 APP 上选好播种机的宽度——2.5 米，便进入了作业指挥界面，将拖拉机所在角落设置为 A 点、直线那头的角落设置为 B 点后，系统就自动在 AB 两点之间生成一条直线，并以此为基准，按照 2.5 米的间距生成了无数条与此平行的直线。随后，播种机就开始按照规划路线自动驾驶，只在拐弯、调头时需要人工辅助。定位监控、数据统计核查功能方便了政府部门对农机的管理，通过管理平台，可以及时监测统计这些传统耕作方式难以精细统计的作业数据。此外，万一发生农机被盗的情况，也可以马上通过定位找到[35]。

宿迁市与江苏北斗卫星应用产业研究院、中国移动通信集团有限公司宿迁分公司开展技术合作,在国内率先开发了秸秆机械化还田作业信息化管理应用:宿迁市秸秆机械化还田作业信息化管理系统和"还田助手"手机 APP,有效解决秸秆机械化还田面积统计、作业质量核查的难题。该系统可以实时采集、处理作业机具的状态数据,实时获取作业现场高清影像,为农机管理部门、农机合作社等提供作业面积自动统计、农机实时监控、作业质量审核、农机调度引导等服务。同时"还田助手"手机 APP 与管理系统同步,提供农机实时监控、作业面积统计、故障预警等便捷服务。经测试,该系统田块识别率达 100%,田块面积测算平均误差 3.14%,地块越大、精度越高,试点年监测秋季秸秆机械化还田作业面积超 7 333.3 公顷[36]。

5. 黑龙江智慧农机信息系统

黑龙江省互联网+农机平台建设快速发展,2016 年新建 5 个市级、33 个县级农机管理调度指挥中心,实现了农机管理调度指挥系统省、市、县三级全覆盖。黑龙江省现代农机合作社的拖拉机、收获机等农用机械共安装 GPCS 车载智能终端约 2 万台和深松探测终端超 5 000 台,现代农机合作社已全部纳入系统联网管理。近两年,借助"互联网+",黑龙江省在全国率先建立农机管理调度指挥网络系统,实现了"调度统计+管理服务",其中包含农机自动定点定位、农机作业轨迹查询、农机图像信息采集、无线视频、农机耕作面积计算、农机深松作业探测、农机应急指挥和天气预报等功能,彻底改变了过去黑龙江省依靠人力对农机作业进行粗略统计的状况,推动黑龙江省农业发展迈向精准农业[37]。

在建设现代农机合作社的进程中,拖拉机、收获机、大型植保机械等动力机械都按要求配备 GPCS 定位功能,与农机管理调度指挥系统联网。农机作业时,农机驾驶员借助 GPCS 车载智能终端,可直接与指挥中心联系,了解农机作业进展、标准等,保证作业质量。各级农机管理部门可利用系统实现宏观管理、指挥调度、作业统计等,对单台农机进行实时跟踪。

6. 农机深松作业监管与服务系统

国家农业智能装备工程技术研究中心研发的农机深松作业监管与服务系统集成智能传感器技术、卫星定位技术和无线通信技术,可以实现耕整地作业状态识别、面积测量、深度监测和数据实时回传,通过作业管理服务器系统和耕整地作业管理服务客户端软件,实现对耕整地作业监测终端回传信息的解析、作业量计算、作业质量分析、作业面积统计、存储和数据分发等功能,通过客户端软件能够实现农机作业实时定位跟踪、作业质量监测、作业面积统计、视频监控、历史轨迹回放、权限管理、用户管理、地图操作等功能。系统实现远程实时监测农机深松作业时的位置信息、农机作业状态、深松作业量和深松作业质量等作业信息,实现对深松作业面积测量、深松作业质量检验、农机具管理以及深松作业补贴监管的智能化、网络化和高效化管理，改善了由农机管理机构组织人员以抽查为主的检查方式，降低了工作量和劳动强度、提高了检测效率、扩大了检查的覆盖面、避免了套取深松作业补贴的现象，实现对农机深松作业补贴的有效监管，为深松作业补贴核算提供量化依据，提升了农机作业管理信息化水平。2016 年在全国累计装机超 8 000 套，监测统计深松作业面积超 53.3 万公顷，回传数据总量 4 000G 左右[38]。

（三）制约因素及政策建议

1. 构建产、学、研、推协同发展机制，促进农机智能化和"互联网＋"融合发展

目前，我国农机装备企业以中小企业为主，企业规模不大，企业技术力量不足，工艺制造水平较低，与发达国家相比，我国农机智能装备制造产业发展基础和共性技术薄弱，产品档次、技术含量及附加值等总体偏低，产品在可靠性、精度等方面有一定差距，技术创新能力薄弱，在一些关键领域、核心技术方面储备不足，很多依靠进口，诸如新型传感、先进控制、核心元器件、高档数控系统等仍然受制于人[39]。农机购置补贴政策对部分农机具分档不细，导致一些智能农机与普通机具补贴享受同样的补贴额度，对企业技术改造、装备智能化研发产生不良影响。同时，传感器、云计算、大数据、物联网等农机智能化的关键技术标准规范不完善，未实现同步融合发展，各农机智能装备制造企业标准不统一，不同农机企业产品及产品的不同类型之间匹配性较差，集成难度高[40,41]，导致农机服务发展受限。为促进农机智能化关键技术和"互联网＋"融合发展，建议构建产、学、研、推融合机制，增加国家重点研发计划"智能农机"专项覆盖面，增设现代农机装备关键核心技术创新等专项，加大对智能农机装备的补贴力度，建立"互联网＋"智能农机创新联盟，加强政、企、研合作，引导农机企业、互联网企业和科研机构等开展农机智能化关键技术标准研究，统一规范，建立融合发展机制。

2. 加快农村互联网基础设施和教育培训建设，提升互联网＋农机服务产业发展动力

互联网＋农机服务产业要发展，关键看种植户、农机手等服务对象。由于农村主要经营主体受教育程度不高和老龄化严重，互联网相关知识的学习和使用能力不强。同时农村互联网发展滞后，《中国互联网络发展状况统计报告》显示，截至 2016 年 6 月，我国网民中农村网民仅占 26.9％，农村互联网普及率为 31.7％。制约因素中，不懂电脑/网络占比为 68％，年龄太大/太小占比为 14.8％，农事繁忙没时间上网占比为 13.5％，不需要/不感兴趣占比为 10.9％，没有电脑等上网设备占比为 9.5％，当地无法连接互联网占比为

5.3%，严重影响了互联网＋农机服务的推广应用[42,43]。为推动互联网＋农机服务产业的发展，建议依托国家乡村振兴战略、宽带中国战略等的实施，进一步加快农村互联网基础设施建设步伐。定期开展农业从业人员智能手机和电脑使用培训，组织农机企业和互联网＋农机服务平台相关技术人员深入基层，进行农机和服务平台的专业培训，做到农机服务组织人员全覆盖、农户家庭全覆盖，加快培养懂科技、懂网络、懂农机、懂管理的新型职业农民。创造良好的政策环境，引导优秀青年到农村创业，推动互联网技术与农业全产业链的深度融合，为互联网＋农机服务产业发展助力。

3. 整合优化农机服务平台功能，提高互联网＋农机服务质量

农机智能化带动了农机服务的快速高效发展，但是政府部门、互联网公司、农机企业和科研机构等都参与到建设农机服务平台的大军中，出现了诸多雷同产品或相似功能，造成研发资源浪费，同时无序竞争导致同类服务产品各自为政，数据信息不共享，未能有效实现农业大数据。农机作业等服务平台信息实时性差，过时信息处理不及时，信息审核机制不健全，易造成农机上门服务时，农户反悔或作业任务已完成等现象。现有的农机作业信息服务平台更多的担负着信息集散地的功能，没有实现作业订单的科学匹配与推送，将"信息荒"转化为"信息爆炸"，实用性大打折扣。为更好地发挥互联网＋农机服务的优势，建议政府主导信息整合，建立农机服务大数据；规范农机服务平台市场，建立准入和淘汰机制；推动平台研发合作，加强平台服务薄弱环节的用户调研和技术攻关。

4. 创新农机服务理念，提升互联网＋农机服务效率

农机服务产业以农机作业服务为主，集中于"春耕""三夏""双抢""三秋"等重要农时季节，且任务紧、时间短，这就导致农机一年中作业延续性差，闲置率高，互联网＋农机服务平台用户黏性受影响。农机行业内喜欢将互联网＋农机作业平台比喻为"农机版的滴滴打车"，但是农机服务对象繁多、跨区作业路程远等性质给服务的统一管理和实时性设置了难题，决定了其不可能走"滴滴打车"的发展模式。为了互联网＋农机服务的进一步发展，建议加大力度发展适度规模经营，鼓励自持部分农机，辅以区域性适度半径范围内的社会化服务，逐步减少远距离的跨区作业，农机企业可探索"共享农机"服务模式，互联网＋农机服务平台可开发针对农闲时段的功能模块，增加用户黏性。

［1］许锦英，卢进．农机服务产业化与我国农业生产方式的变革［J］．农业技术经济，
2000（2）：60 - 64.

［2］董洁芳，李斯华．我国农机作业服务主体发展现状与趋势分析［J］．中国农业机械化
学报，2015（11）：308 - 315.

［3］孙新华．村社主导、农民组织化与农业服务规模化——基于土地托管和联耕联种实践
的分析［J］．南京农业大学学报（社会科学版），2017（6）：131 - 139.

［4］黄琳．植保无人机科普系列：植保无人机简介［EB/OL］．（2016 - 12 - 21）［2018 - 11 -
5］．https：//zhuanlan. zhihu. com/p/24489125.

［5］2016 国内外植保无人机现状分析［EB/OL］．（2017 - 06 - 27）［2018 - 11 - 5］．http：//
blog. sina. com. cn/s/blog_17732fa7a0102xgqo. html.

［6］聚焦喷雾雾滴控制与精准施药——国外飞防技术研究简［EB/OL］．（2016 - 10 - 17）
［2018 - 11 - 5］．http：//www. nzdb. com. cn/hy/112576. jhtml.

［7］农用植保无人机的商业模型适合中国广大农村市场吗？普及难度在哪？［EB/OL］．
（2016 - 11 - 11）［2018 - 11 - 5］．https：//www. zhihu. com/question/52237718.

［8］何雄奎．中国植保无人机的研究与发展［EB/OL］．（2017 - 12 - 01）［2018 - 11 - 5］．
http：//www. sohu. com/a/207892261_658625.

［9］玉坤．无人机植保水深，潜水前你必须要知道这些……［EB/OL］（2016 - 01 - 26）
［2018 - 11 - 5］．https：//zhuanlan. zhihu. com/p/20532240.

［10］冷志杰，蒋天宇，刘飞，等．植保无人机的农业服务公司推广模式研究［J］．农业机
械化研究，2017，39（1）：6 - 9.

［11］赵汗青．草根创业者们血泪讲述植保无人机行业的坑与纠结（下）：使用篇［EB/OL］．
（2016 - 04 - 28）［2018 - 11 - 5］．http：//uav. huanqiu. com/grf/2016 - 04/8832997. html.

［12］沈怡然．植保无人机的寡头时代［N/OL］．经济观察报，2017 - 05 - 08［2018 - 11 -
5］．http：//www. eeo. com. cn/2017/0505/304083. shtml.

［13］植保无人机飞防冷思考及运营模式探讨［EB/OL］．（2018 - 04 - 05）［2018 - 11 - 5］．
http：//www. haonongzi. com/news/20180405/104938. html.

［14］植保无人机发展瓶颈及解决策略［EB/OL］．（2016 - 12 - 06）［2018 - 11 -5］．ht-
tps：//wenku. baidu. com/view/541b9efb9f3143323968011ca300a6c30c22f129. html.

［15］我国粮食烘干机发展现状及前景分析［EB/OL］．（2017 - 06 - 27）［2018 - 11 - 5］．
http：//www. zzwgjx. com/xwzx/lh. html.

[16] 李芙蓉. 浅析我国粮食烘干机械市场发展前景 [J]. 农业技术与装备, 2015 (2)：83 -84.

[17] 韩东升. 水稻烘干经营模式及农户采纳因素研究 [D]. 合肥：安徽农业大学, 2015.

[18] 江帆. 浙江省粮食烘干机械化发展的问题与对策 [J]. 现代化农业, 2013 (8)：59 -61.

[19] 王桂宝. 粮食烘干机械化发展现状及建议 [J]. 江苏农业机械化, 2017 (5)：32 - 35.

[20] 张厚甲. 发展粮食烘干机械化与储存之我见 [J]. 中国科技博览, 2015 (4)：260.

[21] 袁家厚. 粮食烘干机的应用与发展 [J]. 农业科技与装备, 2017 (3)：26 - 28.

[22] 袁长胜, 郑先哲, 孙鹏. 粮食烘干中心的总体规划与建设 [J]. 农机使用与维修, 2014 (12)：31 - 32.

[23] 赵振. "互联网＋"跨界经营：创造性破坏视角 [J]. 中国工业经济, 2015 (10)：146 - 160.

[24] 李瑾, 孙留萍, 郭美荣, 等. "互联网＋"农机：产业链融合模式、瓶颈与对策 [J]. 农业现代化研究, 2017, 38 (3)：397 - 404.

[25] 农业部市场与经济管理司. "双创"成果：搭智慧农业快车　促农机合作社新发展——北京兴农天力农机服务专业合作社 [EB/OL]. (2016 - 09 - 05) [2018 - 11 - 5]. http：//www. moa. gov. cn/ztzl/scdh/sbal/201609/t20160905_5265231. html.

[26] 魏登峰, 牛震. 雷沃"车联网"一个农机制造与信息化深度融合的范本 [J]. 农村工作通讯, 2017 (17)：30 - 33.

[27] 农业部市场与经济管理司. "互联网＋"优秀案例：农业机械化互联网综合服务平台——北京创新渠成技术有限公司 (农机 360 网) [EB/OL]. (2016 - 09 - 05) [2018 - 11 - 5]. http：//www. moa. gov. cn/ztzl/scdh/sbal/201609/t20160905_5265227. html.

[28] 山东省农业机械管理局. 山东出台加快推进农机信息化发展的意见 [EB/OL]. (2017 - 09 - 05) [2018 - 11 - 5]. http：//www. sdnj. gov. cn/zwgk/gggs/2017/09/2029080. html.

[29] 金娟. "互联网＋"将使农机行业实现跨界升级 [EB/OL]. (2017 - 08 - 14) [2018 - 11 - 5]. http：//www. amic. agri. gov. cn. html.

[30] 王润茁. 破解低端产能过剩难题："十三五"期间重点发展智能农业装备 [EB/OL]. (2016 - 09 - 09) [2018 - 11 - 5]. http：//core. nongji360. com/html/2016/09/212222. html.

[31] 农业部农业机械试验鉴定总站. 农机直通车为小麦跨区机收保驾护航 [EB/OL]. (2017 - 05 - 17) [2018 - 11 - 5]. http：//www. sohu. com/a/141241459_453723. html.

[32] 农业部市场与经济管理司. "互联网＋"优秀案例：全国农业机械化生产信息服务平台——农业部农业机械试验鉴定总站 (农机直通车) [EB/OL]. (2016 - 09 - 05) [2018 - 11 - 5]. http：//www. moa. gov. cn/ztzl/scdh/sbal/201609/t20160905_5265228. htm.

[33] 农业部市场与经济管理司. "互联网＋"优秀案例：农业机械化互联网综合服务平台——北京创新渠成技术有限公司 (农机 360 网) [EB/OL]. (2016 - 09 - 05) [2018 - 11 - 5]. http：//www. moa. gov. cn/ztzl/scdh/sbal/201609/t20160905_5265227. html.

[34] 潍坊大众网. 为了颗粒归仓, 雷沃 18 小时上百收割机跨省动 [EB/OL]. (2017 - 10 -

18）［2018－11－5］. http：//weifang. sdchina. com/show/4212513. html.

［35］刘玉 . 农机装上北斗导航系统让种地更轻松 ［EB/OL］. （2017－12－24）［2018－11－5］. http：//www. amic. agri. cn. htm.

［36］王国康 . 宿迁首创"互联网＋"农机作业管理新模式 ［N］. 宿迁日报，2015－11－10（A01）.

［37］宋丹辉，黄春英 . 黑龙江："互联网＋农机"平台建设快速发展 ［EB/OL］. （2017－01－10）［2018－11－5］. http：//www. xinhuanet. com/itown/2017－01/10/c_135969243. htm.

［38］农业部市场与经济管理司 . "互联网＋"优秀案例：发展农业智能装备　推动现代农业发展——北京农业智能装备技术研究中心 ［EB/OL］. （2016－09－05）［2018－11－5］. http：//www. moa. gov. cn/ztzl/scdh/sbal/201609/t20160905_5265147. htm.

［39］王影，冷单 . 我国智能制造装备产业的现存问题及发展思路 ［J］. 经济纵横，2015（1）：72－76.

［40］葛文杰，赵春江 . 农业物联网研究与应用现状及发展对策研究 ［J］. 农业机械学报，2014，45（7）：222－230.

［41］赵升吨，贾先 . 智能制造及其核心信息设备的研究进展及趋势 ［J］. 机械科学与技术，2017，36（1）：1－16.

［42］李瑾，赵春江，秦向阳，等 . 现代农业智能装备应用现状和需求分析 ［J］. 中国农学通报，2011（30）：290－296.

［43］万宝瑞 . 我国农村又将面临一次重大变革——"互联网＋三农"调研与思考 ［J］. 农业经济问题，2015（8）：4－7.

水稻精量直播技术需求度

- 未统计
- 不需要
- 需要
- 非常需要

图4-1　水稻精量直播技术需求度

审图号：GS（2018）6350号

水稻精量直播技术成熟度

- 未统计
- 不成熟
- 基本成熟
- 完全成熟

图4-2　水稻精量直播技术成熟度

审图号：GS（2018）6350号

图4-3　水稻机械化育插秧技术需求度
审图号：GS（2018）6350号

图4-4　水稻机械化育插秧技术成熟度
审图号：GS（2018）6350号

图4-5　玉米籽粒收获技术需求度

审图号：GS（2018）6350号

图4-6　玉米籽粒收获技术成熟度

审图号：GS（2018）6350号

图4-7 玉米摘穗收获技术需求度

审图号：GS（2018）6350号

图4-8 玉米摘穗收获技术成熟度

审图号：GS（2018）6350号

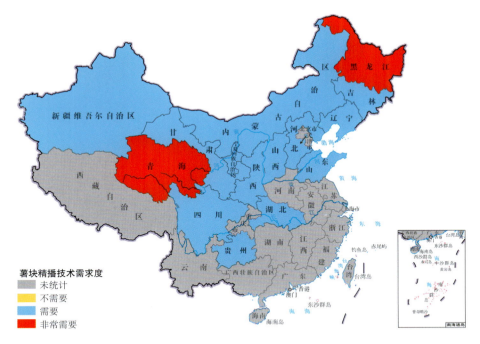

图4-9　薯块精播技术需求度

审图号：GS（2018）6350号

图4-10　薯块精播技术成熟度

审图号：GS（2018）6350号

图4-11　马铃薯联合收获技术需求度

审图号：GS（2018）6350号

图4-12　马铃薯联合收获技术成熟度

审图号：GS（2018）6350号

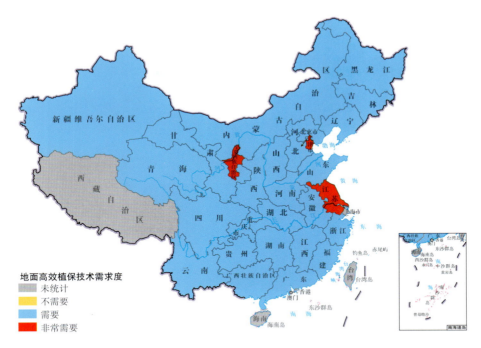

地面高效植保技术需求度
- 未统计
- 不需要
- 需要
- 非常需要

图4-13　地面高效植保技术需求度

审图号：GS（2018）6350号

地面高效植保技术成熟度
- 未统计
- 不成熟
- 基本成熟
- 完全成熟

图4-14　地面高效植保技术成熟度

审图号：GS（2018）6350号

航空植保技术需求度

- 未统计
- 不需要
- 需要
- 非常需要

图4-15　航空植保技术需求度
审图号：GS（2018）6350号

航空植保技术成熟度

- 未统计
- 不成熟
- 基本成熟
- 完全成熟

图4-16　航空植保技术成熟度
审图号：GS（2018）6350号

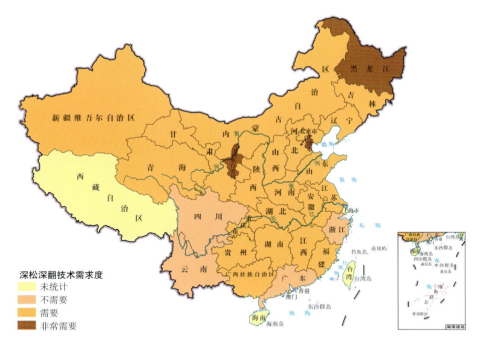

深松深翻技术需求度
未统计
不需要
需要
非常需要

图4-17 深松深翻技术需求度
审图号：GS（2018）6350号

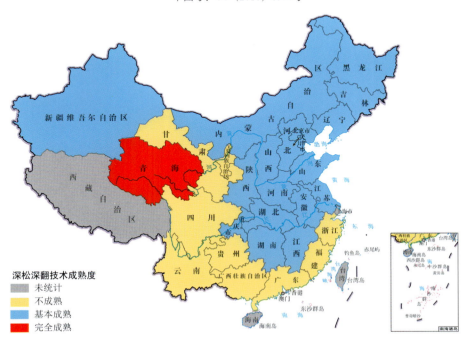

深松深翻技术成熟度
未统计
不成熟
基本成熟
完全成熟

图4-18 深松深翻技术成熟度
审图号：GS（2018）6350号

免耕播种技术需求度
未统计
不需要
需要
非常需要

图4-19 免耕播种技术需求度
审图号：GS（2018）6350号

免耕播种技术成熟度
未统计
不成熟
基本成熟
完全成熟

图4-20 免耕播种技术成熟度
审图号：GS（2018）6350号

机械化化肥撒施技术需求度
- 未统计
- 不需要
- 需要
- 非常需要

图4-21　机械化化肥撒施技术需求度

审图号：GS（2018）6350号

机械化化肥撒施技术成熟度
- 未统计
- 不成熟
- 基本成熟
- 完全成熟

图4-22　机械化化肥撒施技术成熟度

审图号：GS（2018）6350号

有机肥机械化制备与撒施技术需求度

■ 灰色	未统计
■ 黄色	不需要
■ 蓝色	需要
■ 红色	非常需要

图4-23　有机肥机械化制备与撒施技术需求度

审图号：GS（2018）6350号

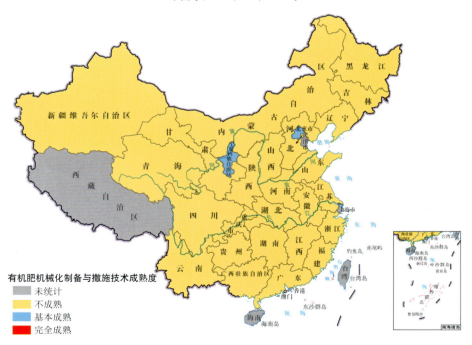

有机肥机械化制备与撒施技术成熟度

■ 灰色	未统计
■ 黄色	不成熟
■ 蓝色	基本成熟
■ 红色	完全成熟

图4-24　有机肥机械化制备与撒施技术成熟度

审图号：GS（2018）6350号

粮油机械化烘干技术需求度
- 未统计
- 不需要
- 需要
- 非常需要

图4-25　粮油机械化烘干技术需求度

审图号：GS（2018）6350号

粮油机械化烘干技术成熟度
- 未统计
- 不成熟
- 基本成熟
- 完全成熟

图4-26　粮油机械化烘干技术成熟度

审图号：GS（2018）6350号

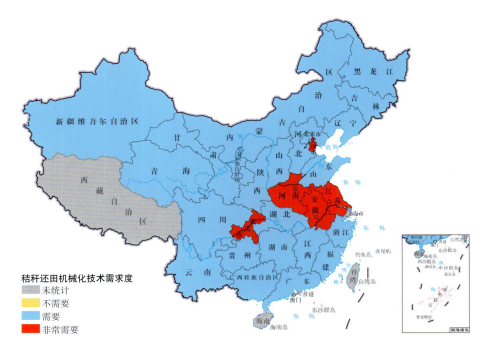

秸秆还田机械化技术需求度

未统计

不需要

需要

非常需要

图4-27 秸秆还田机械化技术需求度

审图号：GS（2018）6350号

秸秆还田机械化技术成熟度

未统计

不成熟

基本成熟

完全成熟

图4-28 秸秆还田机械化技术成熟度

审图号：GS（2018）6350号

图4-29　秸秆机械化打捆回收技术需求度

审图号：GS（2018）6350号

图4-30　秸秆机械化打捆回收技术成熟度

审图号：GS（2018）6350号

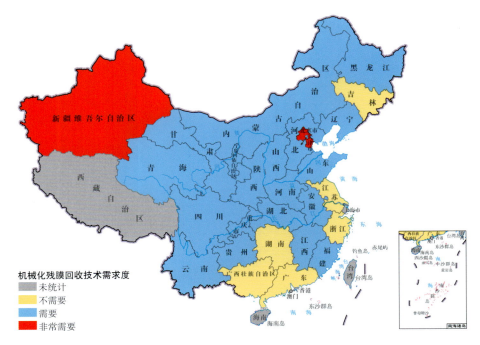

机械化残膜回收技术需求度

- 未统计
- 不需要
- 需要
- 非常需要

图4-31　机械化残膜回收技术需求度

审图号：GS（2018）6350号

机械化残膜回收技术成熟度

- 未统计
- 不成熟
- 基本成熟
- 完全成熟

图4-32　机械化残膜回收技术成熟度

审图号：GS（2018）6350号